Fresia Castro

LE CIEL EST OUVERT

La méthode originale d'activation de la glande pinéale qui unit science et esprit

Technique d’activation interne de la Glande Pinéale
MÉTHODE CYCLOPEA

Titre original en espagnol « *El Cielo está abierto* »

Santa isabel 1235, Providencia, Santiago de Chile

Dix-huitième édition : mars 2018
ISBN :978-956-324-054-2

Version française publiée par :

Traduction réalisée par Mary-Jozé Piget
Corrigée par Louise Templé

https://www.bledition.org
Boutique en ligne : https://www.bledition.org/boutique/

✉ belighteditions@ntymail.com
Dépôt légal janvier 2020
ISBN 979-10-94653-61-6

Achevé d'imprimer en UE par Meilleures Impressions

Plérin - France - mars 2022

Dédicace

Depuis l'Amour infini de la Création, je dédie ce livre à mes enfants, Denisse et Anthony, patients et fidèles témoins des grands événements qui entourent notre vie.

À Alondra, Anton, Ian, Bastián, David et à tous les enfants d'aujourd'hui qui rapprochent le Ciel de la Terre.

Remerciements

Que la flamme de Gratitude Cosmique enveloppe les êtres qui, à travers leurs liens de vie avec la Source, la Présence Divine, ont encouragé cette tâche dans l'unité invisible et éternelle que nous sommes !

À Patrick, María Eugenia, Dixie, Susana, Roberto, Bernardita et tous les êtres merveilleux qui ont participé à cette aventure dans les Règnes Supérieurs.

Aime Dieu
de tout ton souhait, pour que Son souhait pénètre en toi
de tout ton cœur, pour que Son cœur palpite en toi
de toute ta force, pour que Sa force s'écoule en toi
de toute ton âme, pour Qu'Il demeure en toi.

... et lorsqu'Il sera en toi,
sous n'importe laquelle de Ses formes, ou en toutes,
laisse-le s'exprimer à travers toi
pour que Son amour soit ton sceau d'unité
entre le fils et le Père aimant Sa création.

Tel est le trésor secret alchimique
qui élève le dessein de Dieu
vers l'ascension de Son œuvre
à travers Ses enfants.

Tel est le lien énergie finalement
retrouvé.

Introduction

DÉMARCHES PERSONNELLES

C'est en 1978, vers la fin de l'année, que ma vie de journaliste a pris un virage spectaculaire lorsque j'ai décidé de suivre ni plus ni moins qu'un rêve. Oui, un rêve étrange, l'un de ceux qui traversent certaines nuits de notre existence, qui ne correspondent à aucune analyse freudienne ou autres ; ils n'ont tout simplement pas d'explication. Toutefois, si nous en tenons compte, ils peuvent avoir un impact décisif sur nos vies.

Dans un endroit profusément illuminé par une « lumière sans ombres », d'un ton or inexprimable sur le plan physique, des êtres majestueux irradiant l'amour, incomparables à tout ce que nous connaissons, me demandèrent d'abandonner mon actuelle situation, de faire confiance à l'invisible, à Dieu, à Son pouvoir et à Son opulence, et de partir en voyage à la recherche d'une instruction supérieure que l'on était censé me remettre en France. Au bout de trois ans, il me faudrait revenir au Chili car je devrai la remettre à mon tour à d'autres personnes qui l'attendaient. Entreprise insolite et incertaine !

Pendant un certain temps, toujours en rêve, d'autres informations vinrent s'ajouter, me montrant les lieux et les visages que je devais rencontrer au cours de l'expérience, en plus d'une série d'indications sur des travaux personnels destinés à une purification aussi bien du corps physique que des habitudes alimentaires et mentales. Le fait le plus remarquable fut l'abandon, du jour au lendemain, de la cigarette (à l'époque, je fumais plus d'un paquet par jour), de l'alcool et du café, particulièrement liés à l'excitation quotidienne de ma profession de journaliste, et aussi de la viande, jusqu'alors ma nourriture préférée. Il me faut reconnaître que tous ces « renoncements » n'étaient pas dus à ma force de volonté. Simplement, ces habitudes disparurent, comme si elles n'avaient jamais existé.

Jusqu'à présent, ma situation professionnelle était prometteuse et ma vie personnelle et familiale tranquille et assurée. Rien, si ce n'est une « folie spirituelle », jointe à ce que les collègues appellent « déformation professionnelle » (souci de recherche et de découverte poussant à prendre des risques) pourraient m'avoir fait abandonner cet état ! Inutile de préciser que tout avait été mis en place pour faciliter mon départ. J'avais juste à faire le premier pas, celui de l'acceptation, et contre toute logique humaine, vers cette silencieuse et mystérieuse mission.

Peu à peu, les événements se sont transformés en témoignage physique des objectifs mis en place sur le plan éthérique. La Création Divine commençait à prendre forme sur le plan humain, tandis que mon étonnement croissait à chaque manifestation.

Tout s'est développé à la perfection jusqu'à atteindre des niveaux incroyables, la totale assistance de l'Opulence Divine étant manifeste depuis la première mise en marche du plan.

Cette introduction n'a pas pour objectif de présenter en détails une telle aventure, mais je dirais simplement que la décision de la réaliser fut prise et acceptée en famille. Ainsi, à ma grande surprise, c'est dans l'union que nous nous préparons intensément à nous rendre dignes d'une telle mission et à partir en France.

Les événements « miraculeux » atteignirent des proportions gigantesques, devenant notre pain quotidien. L'une après l'autre, les instructions données dans les royaumes supérieurs s'accomplirent.

Suivant les traces de la chimère de l'esprit, c'est au cours de la deuxième année de pèlerinage qu'eut lieu la rencontre attendue, au cours de laquelle j'entendis enfin la phrase tant espérée : « *Voici ce que tu es venue chercher* ».

À partir de ce moment-là, ma vie et celle des protagonistes de ce « rêve-réalité » changea pour toujours. Ce fut un cadeau merveilleux et éternel qui, chaque jour, nous rapproche un peu plus du Plan supérieur, objectif que tous ceux qui viennent dans ce monde doivent un jour atteindre.

Cette introduction a pour unique objet de situer le ton de ce livre sur la fréquence qui lui correspond. *Le Ciel est ouvert* n'est pas directement lié à cette aventure ni à l'Instruction en tant que telle. Néanmoins, son origine supérieure est similaire et je la maintiendrai sous silence jusqu'à ce que ses propres fruits le confirment.

C'est à partir de mon expérience que je vous le dis : vous avez devant vous un puissant outil vous permettant d'avancer vers la rencontre de votre origine, de votre Présence Divine qui vous accueille comme le Père accueille le fils prodigue, lui rendant son héritage et lui montrant Son Royaume.

1 LE CHANGEMENT

LA GRANDE OPPORTUNITÉ

J'ai passé plus de dix ans dans les montagnes du désert d'Atacama et, malgré cela, je continue de m'émerveiller chaque jour devant les enseignements fournis par la nature. Depuis mon arrivée, j'ai pu observer les changements, subtils en apparence, qui se produisaient dans le paysage et le climat. Je me rappelle la première fois que j'ai contemplé les environs de ces hautes terres, entourées de « sommets tutélaires » aux neiges éternelles. Leur beauté dépassait mon pouvoir d'assimilation.

Au cours des premières années de vie en ces lieux, il était difficile d'affronter les basses températures, qui atteignaient facilement 15 degrés en-dessous de zéro et, parfois, moins 20 degrés la nuit. Il suffisait que le soleil se cache pour que le froid commence à se faire sentir. En ce temps-là, j'utilisais des tenues thermiques de haute montagne et des bottes pour la neige en hiver. C'était la seule façon de tenir pour qui venait de la douce et confortable vie citadine.

Aujourd'hui le paysage est différent, mais il n'en est pas moins beau pour autant. Néanmoins, il est presque paradoxal de le décrire comme un endroit aux montagnes multicolores qui, au lever et au coucher du soleil, prennent des couleurs or, parfois violettes ou roses, où la neige n'est qu'un souvenir arrivant au milieu de l'hiver pour couronner les cimes. La chaleur douce des hauteurs s'est intensifiée et le bronzage naturel de ma peau, obtenu graduellement, est remplacé par des taches rougeâtres chaque fois que j'oublie de me protéger par des vêtements à manches longues ou par de larges chapeaux.

L' « hiver bolivien » qui venait arroser copieusement les contreforts andins, où paissent lamas et brebis, est devenu capricieux et s'absente des années durant, sans aucun avertissement, pour réapparaître par surprise, soudainement et brièvement, coupant les routes et inondant les maisons des communautés indigènes voisines. Les rythmes de la nature semblent avoir perdu le nord et, aujourd'hui, sous d'autres latitudes, les baleines s'échouent sur des rivages inconnus.

Ce que je connaissais il y a dix ans n'est plus. Le temps joue aussi l'accélération sans changer la fréquence des aiguilles de l'horloge. Que se passe-t-il ? On peut attribuer cette constatation au système établi, au milieu de l'agitation citadine, qui nous oblige à entreprendre de plus en plus de démarches au cœur de la nature, où le rythme de vie reste le même jour après jour ; seule perdure notre acceptation face aux activités quotidiennes qui ne tiennent plus dans les heures d'antan. Même les enfants perçoivent cette accélération, démentant ainsi l'affirmation selon laquelle les journées raccourcissent avec le temps, nous laissant croire que ce dernier passe plus rapidement qu'avant.

L'EAU ET LA PIERRE

Le fait le plus révélateur qu'il m'ait été donné de vivre sous ces latitudes se produisit un matin d'hiver, passé midi, tandis que je lisais assise sur un rocher, profitant de la chaleur estivale du désert. À partir de cette expérience, je pus comprendre parfaitement ce qui se passait sur notre planète et la façon dont nous étions impliqués en tant qu'humanité. Une fois de plus, la nature démontrait sa sagesse, cachée dans les événements les plus simples.

À quelques pas de l'endroit choisi pour ma lecture s'était formée une petite mare produite par la courte, mais intense, pluie nocturne. Le froid de la nuit l'avait transformée en glace et elle était si dure qu'on pouvait la fouler aux pieds sans qu'elle ne se brise. À mesure que le temps passait, je voyais les rayons du soleil la faire fondre jusqu'à la réduire en flaque d'eau s'évaporant rapidement.

Au cours de ce fabuleux spectacle, une détonation, sèche comme un coup de fusil, me tira violemment de ma contemplation. Je la sentis tellement proche que ma première réaction fut de me lever d'un bond, prête à m'éloigner aussi vite que possible. Cependant, en jetant un regard du côté du bruit, je pus me rendre compte, avec étonnement, qu'une grande pierre avait éclaté en morceaux.

Que s'était-il passé ? Le soleil avait réchauffé aussi bien la pierre que l'eau, avec la même intensité, mais l'une et l'autre avaient une fréquence vibratoire différente. Celle de la pierre était moindre, plus lente, et celle du liquide était plus grande ; ses particules atomiques tournaient à une vitesse supérieure, plus proche de la fréquence vibratoire de l'électron, qui est lumière. Ces deux éléments avaient été soumis au même froid intense de la nuit et à l'influence des rayons solaires qui, dans le désert, maintiennent une température légèrement variable entre hiver et été. Pendant la journée, celle-ci ne descend jamais en-dessous de 22 degrés.

Les deux éléments qui, à un moment donné, revêtaient une apparence similaire quant à leur solidité et leur température, avaient réagi conformément à leur possibilité de syntonisation avec les hautes fréquences de l'énergie solaire. L'eau répondait harmonieusement, tandis que la pierre n'atteignait pas le haut degré vibratoire capable de l'ajuster aux nouvelles fréquences reçues, provoquant les résultats décrits.

LE GRAND CHANGEMENT

Il y a plus de cinquante ans que le « Club de Rome » – entité scientifique réunissant d'éminents savants dans les disciplines les plus diverses et chargée de la protection et de l'avancement du savoir humain – a fait connaître les dernières informations relatives à l'activité solaire. Celles-ci montraient que le soleil envoyait son énergie au travers d'ondes électromagnétiques dont l'intensification de charge était liée à la quantité d'explosions solaires enregistrées sur l'astre. À l'époque, on disait que celles-ci avaient lieu tous les onze ans. Par la suite, les recherches annoncèrent que ces décharges électromagnétiques intensifiées se produisaient tous les sept ans. Mais, dernièrement, la communauté scientifique a déclaré que ces tempêtes se produisaient tous les deux ans, pour finalement annoncer qu'elles avaient lieu avec une fréquence inhabituelle, imprévisible du fait du rapprochement entre une émission et une autre, alertant du même coup la population sur leur influence au niveau des communications par satellites et des équipements électroniques sur lesquels elles interfèrent.

Parallèlement, les recherches liées à notre atmosphère indiquaient un danger face à la disparition de la couche d'ozone couvrant la planète qui protège des rayons ultraviolets et de la radiation nocive pour la vie physique. Le panorama actuel n'est donc pas très encourageant pour les habitants de la Terre.

Toutefois, ce n'est pas aussi dramatique qu'il y paraît ; tout dépend de la façon dont est vécue cette réalité : depuis la condition de la « pierre » ou depuis celle de l' « eau ». Cela veut dire qu'il est possible de réagir harmonieusement à ces apparentes agressions cosmiques si notre condition vibratoire est suffisamment élevée pour atteindre la syntonisation avec les nouvelles fréquences arrivant sur la planète, comme le fait l'eau en changeant d'état sans traumatisme. Au contraire, si nous l'assimilons depuis la condition de la « pierre », notre état empêchera une jonction harmonieuse et nous verrons apparaître les résultats qui, de nos jours, affectent l'humanité à travers certaines maladies et autres troubles détectés par la science médicale.

Aujourd'hui, l'homme – loin d'être soumis à une menace, même si cela paraît étrange – peut tirer profit de cette situation planétaire pour sortir des limitations auto-crées qui l'ont maintenu dans les basses fréquences de cette réalité atomique et récupérer le modèle originel parfait de ses rêves, qui est inhérent à sa condition d'être « fait à l'image et à la ressemblance du Père », comme les grandes religions le proclament.

Cela s'explique par le fait que l'intensification des émissions électromagnétiques en provenance du soleil provoquent une élévation des fréquences de la Terre, amenant la planète et tout ce qui y vit à un nouvel état ascensionnel, à travers un processus d'expansion créative et, par conséquent, à une plus grande possibilité d'utilisation de l'équipement énergétique que nous sommes. Nous recevons alors une forte charge électrique avec une augmentation de notre voltage. L'usage correct de ce potentiel que nous sommes, conformément aux lois de l'énergie et à l'allumage adéquat de notre programme originel, nous permettra d'appliquer ces conditions à notre avantage pour le bien de la planète entière. Tel est, et tel a été le secret alchimique qui a attendu l'homme pour se manifester, caché dans l'expérience spirituelle de la religion et des grandes traditions initiatiques.

USAGE ET ABUS DES COURANTS ÉLECTROMAGNÉTIQUES

La condition créative de l'humanité, limitée à 10 % de son potentiel cérébral, est responsable de la situation planétaire actuelle, avec ses réussites et ses erreurs, recherchant, souvent à l'aveugle, des chemins conduisant à la perfection souhaitée. Cependant, il existe aussi des événements cosmiques agissant selon de grandes lois immuables, auxquelles l'être humain ne peut échapper et qu'il ne peut contrôler puisqu'elles sont infiniment supérieures à sa compréhension.

La science, détachée de la spiritualité, s'est lancée superficiellement à la recherche de palliatifs aux conditions de fragilité dans lesquelles se trouve l'homme face à une réalité qu'il ne peut soumettre et qui menace la vie harmonieuse de cette planète : maladies, surpopulation, assauts de la nature, changements climatiques catastrophiques, augmentation de la violence, du stress, de la solitude et de tout ce qui vient dépasser son propre processus créateur.

Récemment, nous avons appris que la relation électronique entre notre planète et la radiation solaire était la caractéristique fondamentale de la vie. Nous savons que la Terre est un globe électrique dont la charge atomique est négative, c'est-à-dire réceptive, tandis que l'ionosphère (ou couche protectrice de l'atmosphère) est chargée positivement, c'est-à-dire émettrice. Le soleil envoie à notre planète des courants électromagnétiques. Ceux-ci, en traversant l'ionosphère, sont réceptionnés par la Terre et par tout ce qui y vit, y compris l'humanité. L'homme est à la fois récepteur et émetteur de ces énergies grâce aux fonctions accomplies par son cerveau et son centre cardiaque. Fondamentalement, cela fait de nous des « êtres-énergie », dont le résultat est ce que nous voyons comme étant l'être physique ou atomique.

Diverses expériences qualifiées de secrètes sont en cours de réalisation. Leurs objectifs sont variés. Certaines sont effectuées dans le but de contrôler les changements climatiques, d'autres dans l'intention de contrôler la pensée individuellement et collectivement comme formule stratégique de soumission. Chacune d'elles agissent sous le prétexte douteux de sauver la planète d'un désastre imminent, tout en courant le risque de terminer dans l'erreur.

Dans les deux cas, on joue à « l'apprenti-sorcier » en mettant en pratique une formule produisant ce qui est connu sous le nom d' « aberrations électromagnétiques », lesquelles, selon certains savants conscients du danger, affecteraient déjà l'humanité dans sa qualité de récepteur-émetteur de telles fréquences avec des résultats imprévisibles qui sont tout sauf bénéfiques.

Ces mêmes savants indiquent que la seule façon d'échapper à ces influences est au travers de la « pensée verticale » qui, soit dit en passant, n'a rien à voir avec le terme utilisé en gestion d'entreprise. Ils expliquent que l'homme est en permanence connecté au réseau de pensée horizontale en syntonisant tous les événements de son entourage immédiat et médiat (travail, responsabilités familiales, sociales, préoccupations et devoirs par rapport au système, etc., déficiences et succès).

Les spécialistes ne disent pas de quelle « pensée verticale » il s'agit, la qualifiant d'utopique. Cependant, cette formule se trouve dans l'expérience spirituelle en établissant une syntonie verticale avec le supérieur à travers la prière, la méditation ou le développement du sentiment de l'amour orienté vers les modèles les plus élevés de manifestation, tels que les mystiques, les saints ou les yogis. Les clés de la liberté ont été remises à l'homme depuis le début des temps, à travers les religions, où le verbe « religare » atteint son objectif de nous réunir à la Source Générique ou Archétype Supérieur, d'où nous émanons.

D'après les spécialistes, un champ électromagnétique est un champ magnétique qui, en plus, comprend un courant électrique, imprimant direction et intensité. Ces champs s'additionnent si deux d'entre eux se superposent avec les mêmes orientations, ils se soustraient s'ils se superposent en direction contraire et il y a distorsion s'ils se superposent avec des orientations différentes d'addition et de soustraction.

Une telle déformation dépend – dans son orientation et intensité – de la force du champ déformant comparée à celle du champ affecté et à l'orientation selon laquelle ces champs se superposent entre eux. Mais le plus étonnant reste à venir. La force de plus grande influence de l'un ou de l'autre va dépendre du champ magnétique et de l'intensité du courant traversant chacun d'eux. Non seulement il est possible d'échapper aux aberrations électromagnétiques mais, en plus, il est possible d'influer sur elles pour les corriger. Sur quelles bases peut-on les corriger ? Le chercheur britannique Dr. Harold Saxton Burr démontre dans son livre *Blueprint for inmortality* qu'un système vivant est un système ordonné faisant partie d'un système plus grand qu'il représente comme étant l'univers, alléguant que l'univers est un champ électrique et que tout ce qui y existe est une dépendance ou partie du tout.

Si l'homme, en tant qu'être-énergie, parvient à augmenter son voltage en établissant des réseaux de connexion à sa Source Générique, dont il est issu et qui est fait à Son image et à Sa ressemblance, et laisse ces nouvelles fréquences déterminer avec ordre et puissance son élévation conformément à la sagesse naturelle de ce gouvernement supérieur, il deviendra invulnérable à toute condition d'influence inférieure à la perfection originelle. Ainsi, ses processus créatifs et ses décisions seront correctement orientés, permettant à l'être de se détacher de ses limitations auto-crées et de prendre assurément le chemin de perfection qui lui est inhérent.

La possibilité de se protéger des aberrations électromagnétiques et de tout processus créatif ayant une incidence sur la condition de vulnérabilité humaine existe et peut être découverte à travers la pratique sincère. Cependant, beaucoup ne comprennent pas encore qu'ils se trouvent devant l'opportunité de profiter de la situation actuelle, apparemment dramatique, pour mener à bien la réalisation de l'être vers plus de perfection.

LES PIONNIERS DES NOUVELLES PROFESSIONS

Devant cette réalité, d'audacieux pionniers dans l'application des lois de l'énergie impliquant des effets bénéfiques au niveau de la santé, de l'équilibre et du progrès humain, ont redécouvert des clés préparant l'être à profiter de ces pulsions d'élévation vibratoire planétaire pour le bien de l'humanité. Du fait de la fréquence sur laquelle ils se trouvent – qui est élevée, fruit de l'usage correct qu'ils font de leur champ énergétique à la suite d'expériences spirituelles transformatrices – ces êtres ont été les premiers à expérimenter ces clés et, par leur rayonnement, ont agi sur le processus de transmission des techniques appropriées. De nos jours, ces individus se déplacent parmi les hommes sans se faire remarquer car l'invisible est hors d'atteinte des sens physiques et de la compréhension intellectuelle. Par conséquent, il leur faut supporter les attaques et dénigrements de ceux qui sont incapables d'assimiler cette marche vers la transformation. Tel est le destin des rêveurs des grandes réalités. Tel est le prix de la limitation créative et compréhensive que donne à l'être humain l'usage partiel de son cerveau. Grâce à ces quelques pionniers, le progrès se fait réalité.

Ce sont les précurseurs des professions du XXIe siècle. C'est le cas de Benjamin Franklin qui découvre l'électricité sans être passé par les études universitaires correspondantes et qui ouvre la voie aux professions très prisées telles que l'ingénierie électrique ou électronique, pour lesquelles il faut des années d'effort et de préparation. C'est ainsi qu'Einstein rêve la théorie de la relativité, produisant un changement quantique dans la recherche et le domaine de la physique, amenant les études dites « scientifiques » à se baser sur cette découverte. Aucun des « pères » de la science et de la technologie actuelle n'a été un grand universitaire ; le point de départ des grandes découvertes est toujours situé dans l'invisible.

C'est précisément à cause des hausses vibratoires de notre planète que les portes de connexion s'ouvrent aujourd'hui avec la sagesse supérieure pour permettre à ceux qui syntonisent ces espaces d'en rapporter de nouvelles expériences modifiant l'existence de l'humanité pour l'amener à l'instauration d'un nouvel ordre des choses. Cependant, comme toujours, l'Histoire se répète et la nouveauté tarde à être absorbée par la masse pensante pour passer d'abord par le discrédit, la moquerie et le dénigrement, n'étant pas admise par les structures culturelles du moment.

Il en fut ainsi de Christophe Colomb, qui rejeta les schémas imposés selon lesquels la Terre était plate pour embrasser la CERTITUDE DE L'INVISIBLE et parvenir à une nouvelle terre. Il eut davantage de chance que Galileo Galilei qui, sous le coup de la condamnation, réaffirma : « Et pourtant elle tourne », confirmant à son tour que la Terre tournait bien autour du Soleil.

Cette fois c'est à ces pionniers du nouvel âge de supporter les assauts du courant glissant en aval tandis qu'ils rament, parfois au péril de leur vie, en amont et à contre-courant. Mais de nos jours, tout tend à être plus rapide et un peu plus facile. Grâce à ces nouvelles décharges énergétiques élévatrices, plus assidues, l'humanité s'éveille à cette nouvelle compréhension plus rapidement. C'est une lutte pour la survie : il s'agit de syntoniser cette hausse vibratoire ou de succomber aux effets d'une résistance. Comme l'a dit André Malraux : « Le XXIe siècle sera spirituel ou ne sera pas ».

LES CONNEXIONS INTER-DIMENSIONNELLES

Qu'est-ce qui fait que l'homme avance dans son processus de réalisation ? Il y a plusieurs façons d'avancer. La première est étroitement liée à la réalisation créative collective, à travers la « couche psychique » entourant la planète et qui est produite par les pensées et actions de la masse humaine. C'est ce que le physicien théorique Rupert Sheldrake a appelé les « champs morphogénétiques ». Dans ces champs, la création avance par rapport à la masse critique atteinte à travers la qualité et le nombre de processus créatifs derrière un même objectif. Par effet multiplicateur, des êtres pouvant énergétiquement atteindre ce modèle de résultat donnent naissance à un nouveau patron, considéré comme une invention ou une idée permettant le progrès de notre civilisation, horizontalement, c'est-à-dire à l'intérieur de notre réalité physique ou tridimensionnelle.

Une autre façon est l'expérimentation vers de nouveaux résultats des modèles ayant déjà fait leurs preuves, à travers de multiples tentatives en laboratoires. C'est un travail de longue haleine qui présente toujours des résultats partiels ou palliatifs de formules antérieures. Cela permet le progrès technologique, médical, etc., mais toujours dans le cadre limité de la création avec la possibilité d'erreur, soumise à la fréquence de la troisième dimension, spatio-temporelle, dans laquelle se déroule ce processus.

C'est alors que se présente l'opportunité pour le temps présent d'accéder aux espaces morphogénératifs, auxquels on ne parvient qu'après avoir établi les réseaux de connexion permettant le contact. Ces espaces appartiennent à notre Source Générique ou supérieure. Un tel accès permet, à travers l'expérience dans l'invisible, d'aller au-delà de ce 10 % d'utilisation de notre potentiel cérébral ou de compréhension intellectuelle. La façon de parvenir à cet état est l'objet de ce livre, qui est une invitation ouverte à entreprendre la grande aventure du Grand Changement devant nous libérer des limitations auto-créées pour entrer dans les royaumes de la perfection supérieure. C'est là, et à partir de là, que la Glande Pinéale peut récupérer son pouvoir originel au service du véritable propos de réalisation de l'homme.

FAITS À L'IMAGE ET À LA RESSEMBLANCE DE L'ARQUÉTYPE UN

Comme énoncé par Albert Einstein, nous sommes des « êtres-énergie » dont la qualité vibratoire nous intègre à la création existante de ce champ atomique tridimensionnel, qui est un ***résultat*** exprimé dans le champ physique. Nous n'utilisons que 10 % d'un cerveau-énergie qui, dans sa manifestation physique, apparaît avec une puissance de 100 %.

Cela fait de nous des êtres capables de créer dans cette limitation d'expression et de nous manifester dans une avance horizontale nous permettant le mouvement dans cette vie, enfermés dans l'espace et le temps, ce qui signifie parcourir la distance dans le temps avec effort, persévérance, sacrifice, volonté et avec la possibilité de l'erreur toujours présente. Notre intellect n'est capable, par conséquent, de comprendre et de formuler nos créations qu'à partir de ces 10 %. Comment parvenir à comprendre ce qui se trouve au-delà de ces 10 % et qui, cependant, est présent et agissant énergétiquement sur d'autres niveaux de réalisation ? Cela nous conduit à admettre que la science ne pourra jamais expliquer ce qui nous dépasse depuis cet aspect tant qu'elle restera attrapée dans cette dimension, limitant même l'influence quantique des manifestations à la propre création interprétative.

Mais comment ce fait-ce que notre cerveau biologique, résultat de ce cerveau-énergie parfait, se projette dans notre être physique comme une possibilité d'utilisation ? Si nous observons ce résultat atomique que nous sommes, nous constatons que nous avons été conçus pour fonctionner à la perfection : un cerveau destiné à un usage complet, un système nerveux et un autre circulatoire extraordinaires, des organes en parfaite coopération et pour une action précise. Et pourtant, nous tombons malades, nous flanchons, notre psychisme est défaillant, etc.

Tout cela nous amène à confirmer que nous avons été faits à l'image et à la ressemblance de quelque chose de parfait, d'un Archétype UN contenant tout dans cette perfection et dont la manifestation va au-delà de l'expression limitée du plan physique. Seule la reconnexion à cette Source générative permettra l'élévation du voltage de notre équipement sans interrompre le flux énergétique adéquat, bloqué par une véritable « barrière de fréquence » due à nos propres aspects créatifs limités.

À ce sujet, il nous faut accepter d'être des êtres créatifs car nous créons à tout moment de notre existence. Chaque fois que nous prenons une décision nous créons et, par la même occasion, traçons notre futur, qui se manifestera selon la façon dont nous agissons et réagissons aux stimulations propres et à celles d'autrui. Nous faisons partie d'une grande création qui comprend les règnes minéral, végétal, animal et humain. Toutefois, nous sommes les seuls à posséder le pouvoir de « créer ».

Tout acte créatif dépend de quatre conditions pour se manifester, qui sont :

Sentiment/Qualification
Visualisation/Action

La condition principale, qui déclenche le processus de création, est le ***« sentiment »***.

La dernière fois que j'ai vu Felipe, il rentrait d'un voyage en Asie en compagnie de sa femme. Elle venait de renoncer à son travail en tant qu'hôtesse de l'air et, grâce à des désistements, ils avaient pu obtenir des billets pour parcourir de nouvelles terres. Felipe venait prendre congé car, cette fois, ils partaient définitivement à l'étranger. Du travail les attendait en Espagne, pays qui s'était trouvé sur leur parcours touristique.

Les commentaires des amis signalaient leur « incroyable chance ». La famille l'attribuait au fait d'avoir épousé une hôtesse de l'air, d'autres au fait de chercher de nouveaux horizons. À quel moment ce destin s'était-il forgé ?

Peut-être au moment où il décida d'aller vivre dans le désert. C'est là qu'il fit la connaissance de sa future épouse. Ou peut-être lorsqu'il choisit de se rapprocher de son père, qui s'était séparé de sa mère depuis quelques années et qu'il avait refusé de voir pendant un certain temps. Le fait est qu'il y eut coïncidence de plusieurs événements provoqués aussi bien par ses propres décisions que par celles de ses parents, et jusqu'alors les résultats étaient ceux que je viens d'indiquer. Cependant, tout n'est pas aussi simple qu'il y paraît.

C'est une question de syntonisation, c'est-à-dire que tout dépend de la fréquence du sentiment. Si l'énergie de cet être est utilisée à travers l'ordre créatif qui part d'un sentiment harmonieux, les résultats se situeront sur cette même fréquence. Au contraire, s'il part d'un sentiment inharmonieux ou dépressif, les événements qu'il connectera ou les effets qui se manifesteront seront liés à ces fréquences. C'est ainsi que nous tissons notre vie, pas à pas, selon la façon dont nous sommes capables d'affronter émotionnellement notre existence.

La manière de résoudre cette énigme – qui depuis notre ignorance nous précipite dans le tourbillon d'événements non contrôlés, nous affectant sans que nous ne puissions trouver le fil d'Ariane nous permettant de sortir du labyrinthe – est exposée dans cette Méthode que nous allons développer à travers ce texte.

Je vous demande donc de suivre fidèlement les instructions de cette aventure infinie que nous allons commencer à vivre dans les prochains chapitres. En plus des formules qui vous permettront de prendre les bonnes décisions, vous y trouverez d'infinis chemins de perfection, dont le parcours dépendra de vous.

RÔLE DE LA GLANDE PINÉALE JOYAU CACHÉ

La pinéale est une glande située au centre du cerveau, dont la grosseur ne dépasse pas celle d'une lentille. Voisine de la glande pituitaire, elles se lancent ensemble dans une aventure spéciale lorsque leurs circuits se rejoignent pour former les

« centres d'énergie » qu'elles sont, provoquant sur le plan physique, entre autres conséquences, la production hormonale.

Pour mieux comprendre son importance, il convient de fixer son attention sur l'être-énergie qu'est l'être humain et, de là, considérer son fonctionnement, dont le résultat est tout ce que la science médicale reconnaît de son action biophysique. Conformément à l'équipement électrique que nous sommes, nous possédons d'infinis centres d'énergie qui, selon la terminologie

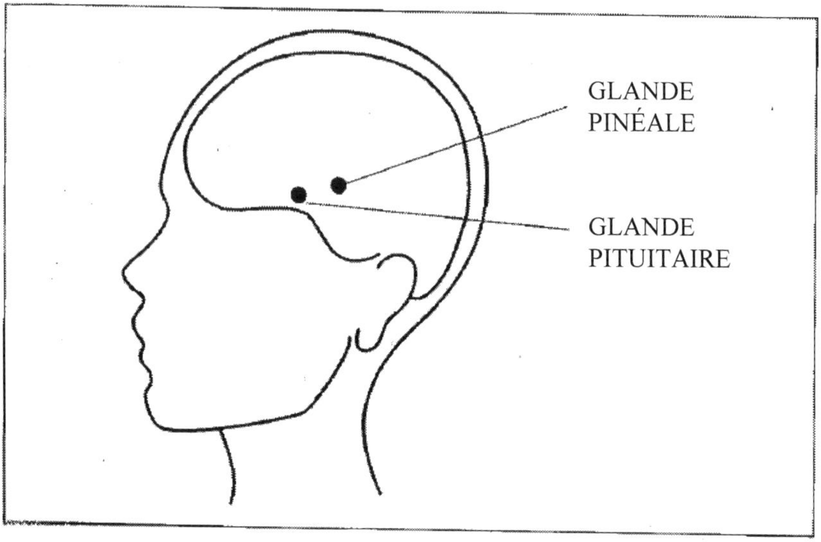

orientale, sont connus sous le nom de « chakras ». En réalité, nous sommes un univers de micropuces, commandées par des puces principales, dont la plus importante est la puce centrale, connue comme centre cardiaque et qui sous sa condition physique est le cœur. Celui-ci, en plus de recueillir toute l'information créative et de vie, à travers la corde électronique l'unissant à la Source, permet de reconnaître et d'expérimenter la perfection de la vraie Vie. La glande pinéale correspond à l'un des centres principaux, qui a pour mission d'ouvrir la voie du retour vers la récupération des pouvoirs originels de l'être et d'établir la connexion avec les champs de création supérieure, où se trouve le 100% des pouvoirs réels de l'univers.

C'est ainsi que dans l'Antiquité, à travers les différents courants spirituels, la pinéale était considérée comme un centre de pouvoir supérieur, symbolisé par un dessin représentant un triangle lumineux avec un œil au centre. Pour la religion catholique, aujourd'hui, il signifie le pouvoir de Dieu. Pour la franc-maçonnerie, la vision du Cyclope. Dans la tradition égyptienne, il est connu comme l'œil d'Horus et dans le monde asiatique, y compris l'Inde, comme le troisième œil. Nous trouvons aussi ce symbole dans les cultures ancestrales précolombiennes et polynésiennes, représentant toujours un concept sacré. Dans la terminologie initiatique, il est connu comme « la porte du Paradis ».

À l'origine des grandes civilisations, science et spiritualité étaient liées, à tel point que la représentation symbolique servant aux dévots pour méditer face à son image était ni plus ni moins qu'un circuit électronique permettant à l'être-énergie, par la contemplation, d'allumer un programme interne d'envergure, conduisant l'homme à son « illumination », c'est-à-dire à conquérir d'autres circuits supérieurs susceptibles de l'aider dans ses processus de changements moléculaires. Pour ce faire, il lui fallait élever sa propre fréquence par la prière ou la méditation et syntoniser ainsi la Source Générique supposée permettre ce processus d'ajustement. Sans cet accordage initial, cet équipement électrique biochimique ne s'active pas sur les niveaux nécessaires à sa transformation.

Dans le cas qui nous intéresse, le symbole du triangle lumineux avec son œil au centre représentait la connexion luminique du circuit pinéal-pituitaire qui, dans son aspect biologique, compte tenu de sa localisation et de ses formes (voir croquis), crée un véritable réseau d'interaction dès que l'être donne l'ordre créatif établissant cette liaison, à partir du sentiment qui détermine le résultat consistant à ouvrir un portail d'accès conscient aux seuils supérieurs, auxquels il n'est possible d'accéder que par ***expérience***.

Ce que l'homme appelle « miracle » n'est autre que le contrôle des champs moléculaires à travers des processus électroniques produits par l'action conjointe Source/être, après que le sentiment créatif, uni à l'action, s'est mis à la disposition du grand générateur électronique, connu dans son aspect spirituel sous le nom de Dieu. Des exemples en sont fournis par les phénomènes surnaturels mis en mouvement par certains saints, par de grands yogis orientaux ou par qui, dans un élan de ferveur provoqué par un sentiment d'amour élevé, atteint le point critique de connexion permettant une certaine manifestation ; ce dernier exemple étant, dans la plupart des cas, un résultat isolé et spontané.

Quant à l'aspect biologique de la pinéale, en tant que glande elle sécrète une hormone connue sous le nom de mélatonine. Jusque dans les années 60, la science médicale la considérait inutile du fait de son atrophie précoce. L'action de la mélatonine est intense chez les nouveau-nés et les enfants jusqu'à l'âge de sept ans, puis diminue avec le temps jusqu'à ce qu'elle ne soit plus qu'un mince filet dans le torrent sanguin.

À partir de cette époque, des chercheurs souhaitant aider les astronautes à s'adapter aux conditions des longs voyages interplanétaires au moyen de l'hibernation, firent une découverte stupéfiante à propos de cette glande : tout en confirmant que la mélatonine était responsable de la conservation de la jeunesse, ils en vinrent à penser pour la première fois que, à travers son flux permanent, elle pourrait devenir une source inépuisable de miracles, aussi bien pour la santé et l'harmonie que pour le développement de l'individu.

Le savoir actuel concernant son influence naturelle sur la vie de l'homme a confirmé que la production de mélatonine diminuait avec l'âge du fait de l'oxydation cellulaire. Dans le cas de maladies comme le cancer, le sida et la maladie d'Alzheimer, la glande pinéale s'atrophie rapidement. La faible sécrétion de cette hormone dans les cas de maladies cardiaques a également été confirmée. D'après certains chercheurs, sa structure chimique est très similaire à celle des substances hallucinogènes.

La science se rapproche à pas de géants des grandes découvertes supposées réduire définitivement la brèche qui la sépare des clés de l'esprit mais, pour l'instant, elle se contente de produire des pilules de mélatonine, qui semblent donner de bons résultats en freinant partiellement la détérioration physique causée par la maladie, de même que dans la régulation du sommeil sur les patients souffrant d'insomnie.

Toutefois, ces pilules, similaires aux composants de la mélatonine, n'ont qu'une efficacité partielle du fait de leurs éléments synthétiques. Leur vente est donc assujettie à une ordonnance médicale à cause des effets secondaires intervenant dans certains cas. La mise au point de ce produit pharmaceutique en a fait un succédané des tentatives de réactivation externe de la pinéale à travers des greffes effectuées en laboratoire, dont les résultats extraordinaires ne peuvent être étendus au public pour des raisons éthiques comme dans le cas de greffes d'un être vivant sur un autre. Les expériences en question ont été menées sur des rats de laboratoire. Comme nous le verrons plus tard, ce n'est que par activation interne de cette glande que les résultats sont concluants.

ACTIVATION DE LA GLANDE PINÉALE

Il existe différentes façons d'activer cette glande, aussi bien externes qu'internes. Parmi les premières figurent les expériences de laboratoire à travers la chirurgie de greffe et l'administration de drogues diverses favorisant le processus de stabilisation hormonale telles que les drogues antidépressives, ainsi que les drogues hallucinogènes de dépendance.

L'activation externe ou substitution de cette hormone produit des effets partiels qui ne servent qu'à seconder des thérapies antidépressives ou antistress. Mise à part la greffe chirurgicale, il reste les pilules de mélatonine et les drogues. Les premières ont été décrites ci-dessus. Quant à l'effet des drogues, celles-ci ont deux voies d'influence : la première complète des programmes de soins d'états dépressifs ou maladifs, (toujours sous contrôle médical, si bien que leur effet est bénéfique mais momentané) et la seconde, plus dangereuse, présente des drogues de dépendance (marijuana, cocaïne, héroïne, etc.), dont les résultats à court terme sont désastreux, comme prouvé médicalement.

Pour avoir une idée plus claire des conséquences de la consommation de drogues, il suffit de s'imaginer un demi-citron pressé qui glisse sur le ruban de vie d'une personne. Ce citron est la pinéale produisant la mélatonine nécessaire à travers l'existence d'un individu. À mesure qu'il avance, il déverse son jus qui est d'abord abondant, puis qui diminue progressivement jusqu'à déverser ses dernières gouttes en fin de parcours. Lorsqu'il y a consommation de drogues, ce citron est poussé à s'exprimer intensément aux endroits du ruban où il y a consommation du stupéfiant, provoquant artificiellement une intensification de son action. Cela donne lieu à une accélération qui consomme prématurément sa production censée boucler son cycle de façon naturelle jusqu'au terme de la vie physique. D'où la détérioration cellulaire anticipée des neurones au niveau du cerveau de l'individu, qui laisse voir les effets de la vieillesse par un manque de mémoire, de créativité et de facultés propres à un esprit en développement, même quand il s'agit d'un préadolescent.

L'activation interne est la façon naturelle d'allumer la pinéale de façon bénéfique et sans risques. C'est dans l'essence des mouvements spirituels de l'humanité que les clés de réussite ont été remises à l'homme à travers rituels, techniques et méditations. Il se peut aussi que son activation soit spontanée chez tout être vivant une de ces expériences qualifiées de paranormales, telles que la clairvoyance, la prémonition ou les inspirations subites qui ont donné lieu à des formules ou inventions bénéfiques pour l'humanité en servant de tremplins au progrès scientifique ou humanistique. Toutefois, dans de tels cas, l'activation n'est ni contrôlable ni permanente.

Les formules d'activation qui ont déjà été expérimentées, détachées de la totalité science-esprit, sont innombrables et existent dans tous les domaines, mais leurs résultats restent partiels et momentanés et présentent certains risques. Dans le cas des techniques spirituelles, celles-ci contiennent la possibilité de succès mais les barrières mentales des hommes ont rendu difficile leur réussite permanente.

Il est une clé qui demeure occulte à l'être humain et, tant que ce dernier ne se sera pas transformé en ce « Graal » alchimique qui s'ouvre pour se nourrir de l' « Eau de Vie » depuis la Source, la Glande Pinéale continuera de garder secrète sa clé d'accès au Paradis. Tant que le rayon divisé ne redeviendra pas UN dans son origine, l'incessante recherche continuera.

Ainsi, uni à l'ordre créatif, notre don de manifestation de réalités conduit à la Victoire, au commencement de la récupération de l'héritage divin, légué par le Père au Fils ré-uni.

Dans d'autres domaines d'expérimentation, un savant espagnol a découvert que, par un examen de sang appelé « Test Factor PK », il est possible de détecter les pouvoirs « psy » activés en l'homme : pouvoir médiumnique, télépathie, voyance, etc. Selon ce savant, la clé consiste à découvrir si la glande pinéale est active ou non. Si tel était le cas, il s'agirait d'un pouvoir en action. Dans le cas contraire, il s'agirait d'un trouble psychique et non d'une perception. Un tel test permet justement de savoir si cette « ouverture » de la pinéale fonctionne.

Parallèlement, les médecins[1] qui étudient les cas de « mort clinique » peuvent d'ores et déjà affirmer que la pinéale joue un rôle fondamental dans les expériences des êtres qui ont franchi le seuil de la mort et ont pu en revenir pour relater leur vécu. Dans certains cas, ces patients ont totalement changé leur mode de vie et leurs maladies (certaines de la gravité du cancer) ont définitivement disparu. Cela se produit toujours après avoir fait face à un champ luminique, propre à l'action du centre énergétique de la pinéale.

Selon les expériences recueillies par la Méthode Cyclopea d'activation interne de la glande pinéale, le premier pas existentiel est la vision ou perception de la lumière, comme cela se produit avec ceux qui franchissent les voiles de l'autre vie et en ramènent des réponses transcendantales incitant au changement, réponses impossibles à mesurer, appelées « changements quantiques ».

D'une certaine façon, c'est ce que l'esprit appelle « illumination » et que nous appelons « allumage du programme originel ».

---

1 Le Dr. Melvin Morse, des États-Unis, en fait partie.

Il faut élever le voltage à la fréquence nécessaire de syntonisation avec le modèle original pour que le centre pinéal se mette définitivement en action en déchirant le sceau mémoriel qui le maintenait à l'abri de l'erreur créative produite par le bas voltage de l'équipement humain dans cette réalité. Il fait partie du programme originel de l'ordre parfait selon lequel « plus tu recevras et plus tu seras sollicité ». C'est l'auto-exigence de la maîtrise du sentiment vers sa plus grande expression, au-delà de cet univers tridimensionnel, connu comme étant l'Amour.

UNE INVITATION MAGIQUE

Une fois l'intellect satisfait et son 10 % de potentiel de compréhension atteint, aux limites de l'expérience quantique, la voie est libre, dégagée et sûre. Il suffit alors de suivre les pistes qui se présenteront à toi pour te conduire à ton véritable objectif : transcender les limitations pour entrer dans les royaumes de la perfection créative, contenant la félicité tant désirée.

Pour ce faire, il faut jouer comme les enfants qui, avec une sagesse ancestrale, font face à ce monde, apprenant ce qu'ils ont à apprendre, sans être dépassés ou écrasés par lui. Seule l'expérience leur permet d'apprendre correctement. Lorsque l'enfant commence à marcher et fait l'expérience de sa première chute, il ne se demande pas pourquoi ni sur quoi il a buté. S'il le faisait, il verrait apparaître devant lui quantité de pierres semblables à celle qui a causé sa chute, comme autant de dangers latents, et l'appréhension l'empêcherait d'avancer plus rapidement. Simplement, il se redresse, pleure s'il a mal et continue sa marche jusqu'au prochain faux pas, où il retombe et se relève autant de fois que nécessaire. Par expérience, il apprendra à lever définitivement son pied lorsque l'obstacle d'une pierre viendra entraver son chemin, et cela en un temps record par rapport au temps qu'il aurait passé à raisonner.

L'enfant est préparé à un apprentissage effectif. Il arrive avec toute sa pureté et vit au présent. Son expérience se situe là où il porte son attention. Il ne prétend pas faire telle ou telle chose, simplement il les fait. Qu'il réussisse ou non est une autre histoire. Il n'est pas avide. Les adultes lui transmettent ce sentiment lorsque les événements du présent le laissent insatisfait de promesses non tenues.

Tel est le jeu sérieux de la vie qui commence au prochain chapitre avec une épreuve initiatique et symbolique, dont la signification réelle ne sera révélée intérieurement aux participants que lorsqu'ils auront expérimenté les exercices de la Méthode.

Et voici un conseil venu de ces univers supérieurs :

« La vie est un jeu. Ne la prends au sérieux
que pour ton propre progrès.
Et que celui-ci consiste à apprendre à créer avec amour ».

2

JOUONS À TRAVERSER LE PONT

PLAN DE ROUTE POUR RENTRER À LA MAISON

LES HUIT PORTES : CLÉS D'ENTRÉE

Ce livre est EXPÉRIENCE du début à la fin mais une expérience différente, vécue sur un pont de lumière construit entre deux univers : le nôtre et celui du Père, à travers l'amour et l'obéissance.

Il s'agit de remettre un plan de route au fils prodigue qui voit son aventure terrestre terminée et peut commencer à traverser le pont le ramenant chez lui. Ses victuailles sont la responsabilité et la volonté. Son timon est l'amour. Dans son cerveau se situe son moteur et dans son cœur se trouve la clé.

Cher lecteur, si vous avez choisi ce livre par intérêt personnel, c'est que vous êtes un fils prodigue à la recherche du sentier vous permettant le retour définitif à la maison.

Pistes pour une route initiatique : Préparez-vous à un voyage différent, qui n'a pas besoin d'être déchiffré. Chaque seuil traversé vous amènera à vivre des expériences qui réveilleront votre mémoire ancestrale. Laissez-vous porter.

PREMIÈRE PORTE

Voilà que s'ouvre la première des huit portes de l'octave de la transcendance, donnant ainsi le signal de départ du voyage vers notre véritable demeure. En la franchissant, vous trouvez la relation tant recherchée entre science et esprit. Un schéma apparaît montrant un cerveau humain coupé transversalement pour situer l'emplacement de la glande pinéale et du corps pituitaire. Plus loin, vous attend un autre dessin : un symbole connu mais souvent mal interprété : un triangle lumineux avec un œil à l'intérieur.

Si vous continuez d'avancer, vous verrez quelque chose semblable à un temple religieux traditionnel, où de célèbres statues se trouvent entremêlées et parmi lesquelles nous remarquons celle d'un ange veillant, depuis une certaine hauteur, sur un enfant en bas âge. Ensuite, c'est l'image de Jésus montrant son cœur, d'où jaillit une Triple Flamme : or au centre, bleue à droite et rose à gauche. Plus loin, un lotus en or émerge du sommet de la tête d'un Bouddha, tandis que sur un côté, trois personnages différents, symbolisant diverses croyances, montrent une caractéristique commune : certaines avec des auréoles autour de la tête et d'autres autour de leur corps. Au début, vous ne comprendrez pas la relation entre tout cela mais, à mesure que vous traverserez le pont, tout deviendra clair comme si un gigantesque soleil surgissait au-dessus de votre tête, l'illuminant complètement.

DEUXIÈME PORTE

À partir de là, tout semble très bien fonctionner. L'aventure commence à vous intéresser et votre enthousiasme grandit. C'est alors que vous apercevez, dans le fond, la deuxième porte : elle est un peu plus petite que la précédente mais vous pouvez la franchir sans problèmes.

Voilà qu'apparaît une grande salle vide et silencieuse. Vous essayez de vous faire entendre en lançant un cri mais – oh ! Surprise – vous n'émettez aucun son. Vous tentez alors de vous voir vous-même mais sans y parvenir. Votre corps physique a disparu. Cette fois, vous commencez à vous inquiéter. Cette promenade commence à être déplaisante. Vous en déduisez que vous êtes seul et, pire encore, que votre corps physique a disparu. Vous avez du mal à l'accepter jusqu'à vous rendre compte que vous continuez d'être le même, avec plus d'esprit, étant donné que vous n'avez pas de références égotiques à affirmer. Vous êtes atterré par la solitude dans laquelle vous vous trouvez, mais vous commencez à comprendre que tout ce qui vous entoure vibre et cette fréquence transforme l'environnement en couleur-lumière ou, si vous préférez, en énergie. Ah ! Vous venez de découvrir que vous êtes aussi de l'énergie. Par conséquent, vous n'êtes plus seul. Cela vous rassure, bien que la situation ne soit en rien confortable. La force de l'habitude vous fait préférer vos références physiques, tangibles, connues, pratiques et maniables, où vous pouvez être le roi si vous le souhaitez mais, puisque vous êtes en route, mieux vaut continuer, n'est-ce pas ?

TROISIÈME PORTE

En supposant que vous ayez décidé de continuer, essayons cette troisième porte.

Elle se trouve face à vous, à une quarantaine de centimètres au-dessus du sol et elle est bien plus petite que la précédente. Vous n'auriez pas pu la franchir avec votre corps physique, ou autrement dit avec votre fréquence vibratoire habituelle, plus lente que celle que vous expérimentez en ce moment. Vous découvrez ainsi qu'il est plus facile de se déplacer sans cette épaisse enveloppe et, d'un coup, vous vous retrouvez de l'autre côté de cette troisième porte.

Là, la situation se complique. Tout en retrouvant votre apparence physique, qui vous gêne pour vous déplacer dans le liquide ambiant, d'énormes fantômes aquatiques viennent à votre rencontre. Ils vous sont grandement familiers. Toutefois, vous reconnaissez n'avoir aucune arme pour les affronter. Vous vous pliez comme dans l'utérus maternel et demeurez là à sangloter « oh, pauvre de moi ! ». Vous vous trouvez à l'intérieur de la plus grande source de pouvoir emmagasiné dans votre propre centre (le corps émotionnel et sa réserve sont situés au-dessus de votre estomac). Là, désir et sentiment vous secoueraient si vous les laissiez agir sans contrôle mais, si vous les dirigez, ah ! C'est autre chose… Vous seriez alors sur le point de devenir le maître de vos fantômes, tout en remarquant qu'ils se défont comme des volutes de fumée.

Et ce n'est que le début. Si vous cessez définitivement de vous lamenter sur vos propres créations imparfaites, des « miracles » commenceront à se produire et vous les verrez à travers vos yeux physiques. Avec la disparition de vos fantômes, vous pensez soudainement qu'il conviendrait de dépasser la quatrième porte. Et votre souhait est réalisé sur-le-champ. Le

« miracle » a lieu à l'instant même. Sinon, comment pourriez-vous avoir franchi cette quatrième porte de cinquante centimètres de haut avec ce corps de plus d'un mètre… soixante ? Soixante-dix ? Quatre-vingts ?

QUATRIÈME PORTE

Nous voilà ici, dans cet espace circulaire, où vous ne distinguez ni le haut ni le bas et ne connaissez pas la cause qui modifie l'atmosphère en tonalités de couleur passant par toute la gamme de l'arc-en-ciel. Vous avez l'impression de contrôler un peu mieux la situation, du moins au niveau de vos sentiments.

Vous venez de comprendre que vous êtes un faiseur de miracles et cela vous rend heureux. Ah ! Vous vous préparez déjà à agir dans le monde (en supposant que vous soyez idéaliste) en pensant aux malheureux, à ceux qui souffrent, à la fin des guerres, à la grande justice divine pour tous !

C'est alors que survient l'inattendu. Vous êtes « enfermé » dans cet espace circulaire merveilleux qui vous inspire et vous emplit de pouvoirs et vertus. Comment sortir ? Facile ! Cherchons la cinquième porte.

CINQUIÈME PORTE

La voilà. Elle ressemble à un sas s'ouvrant vers le bas, au niveau des pieds. Un enfant de cinq ans ne pourrait même pas s'y faufiler mais, comme vous avez le pouvoir de faire des « miracles », vous franchissez le passage sans savoir comment, pour vous retrouver, oh ! Surprise, sur le seuil de votre maison, prêt à y entrer.

Le moment est venu de faire vos preuves en utilisant le pouvoir que vous avez développé en franchissant les quatre premières portes de ce voyage supposé vous conduire vers le tant désiré « pont » de décollage. Sans hésiter, vous entrez résolument afin de faire de votre foyer un miracle permanent

Vous percevez une forte odeur de brûler. L'adrénaline monte et, d'un pas décidé, vous vous dirigez vers la cuisine où fument quelques tartines. Personne en vue. Comment une telle négligence est-elle possible ! Vous, qui êtes débordé, devez, en plus, vous charger de retirer le pain du feu parce que – chez VOUS – personne n'est capable de faire quoi que ce soit correctement (ce n'est qu'un exemple).

C'est le moment de démontrer le miracle : vous pouvez rester calme et donner de l'amour à votre prochain, contre vents et marées, mais devant vos proches, il n'en est rien et vous laissez la vague retomber avec fracas… Résultat : personne ne sourit, le café est froid et vous croyez avoir agi « clairement ».

Maintenant, il faut penser au premier « miracle » à réaliser. Où va-t-il avoir lieu ? Peut-être en public. Ne vaudrait-il pas mieux le faire en privé ? Ce serait l'occasion de pratiquer l'humilité et, on ne sait jamais, il se pourrait que ça ne fonctionne pas… (Facteur de doute en plus).

Et ce que vous redoutiez arrive. Vous avez choisi quelque chose de simple : multiplier le pain pour le distribuer à ceux qui viendraient frapper à votre porte, mais il ne s'est absolument rien passé. Pire, vous n'avez pas récupéré non plus le pain brûlé.

Que s'est-il passé alors ? Très simple, vous avez perdu la clé. Vous êtes passé de l' « être » à la « personne ». Dans une telle situation, le plan de route est facilement oublié et se perd en chemin. Retour à la case « départ », avec les bonnes intentions et rien de plus. Allez-vous être capable de continuer ou allez-vous vous démoraliser à cause de cet échec ?

Si vous avez choisi de continuer, félicitations ! Vous avez compris qu'il est possible de trébucher en chemin mais c'est la seule manière d'atteindre son objectif. Relevez-vous et pardonnez-vous. Ainsi vous pardonnerez à autrui. Voyons maintenant ce qui se passe derrière la porte numéro six.

SIXIÈME PORTE

Elle est suspendue dans l'espace au-dessus de votre tête. Elle semble impossible à franchir. Je vais vous rappeler l'expérience vécue en tant qu'énergie, lorsque votre corps est devenu lumière, couleur et mouvement en liberté au milieu de cette profonde solitude rencontrée après avoir traversé la deuxième porte. Vous en souvenez-vous ? Bien. Vous êtes prêt à franchir ce seuil. Il suffit d'élever votre niveau vibratoire : aimer, aimer et aimer…

Un éclair rose vous transporte et devant vous apparaît une énorme sphère resplendissante de lumière. Sa brillance est si intense que vous vous sentez absorbé et incorporé à sa puissance. Vous avez traversé le seuil de la sixième porte et ce que vous expérimentez maintenant est la magnificence sans fin de la création divine. Vous sentez que vous n'en pouvez plus, que quelque chose gonfle en vous, vous donnant la sensation que vous allez éclater en mille morceaux incandescents. Vous venez de percevoir votre héritage divin de fils de Dieu et ce n'est pas facile à assimiler. En devenant co-créateur avec le Père, vous devrez assumer une responsabilité tellement grande que la peur commence à vous envahir. La plus grande peur de l'être humain, celle qui freine sa réalisation, est la peur de la PERFECTION.

Dites-moi, que se passe-t-il quand quelque chose est « trop » bon ou va « trop » bien « trop » longtemps ? Ne commencez-vous pas à vous demander quand cela va finir et quelle calamité va s'abattre ensuite ? C'est ainsi que nous alimentons l'imperfection qui nous entoure. C'est ainsi que nous retardons l'acceptation des dons du Père, notre Source Générique, qui sont aussi parfaits que Lui.

À vous de décider d'assumer ou non l'héritage. Sur ce point, je vous laisse seul. Je n'ai pas à intervenir. Personne ne le doit. Pas même le Père. Je vous attends au-delà de la septième porte, si vous décidez de la franchir. Je vous signale qu'elle est triangulaire, très lumineuse et tellement petite qu'on ne peut la traverser que sous la forme d'un mince filet de lumière.

SEPTIÈME PORTE

Incroyable ! Je vous ai attendu vingt secondes à peine et vous êtes déjà là, de ce côté-ci de la porte ou, plutôt, de ce seuil triangulaire. Bien sûr, je peux comprendre que dans l'esprit de Dieu il n'y ait ni temps ni espace et que vous ayez réussi à pénétrer dans cette fréquence divine, mais cela ne diminue pas mon étonnement de voir avec quelle rapidité vous avez appris à vous servir de votre énergie. Savez-vous ce qui s'est passé en réalité ?

Vous avez utilisé vos récentes expériences pour trouver la façon de franchir le seuil en les synthétisant de cette manière : *sentiment, valorisation, visualisation et action.* Chaque fois que ces conditions sont réunies, il se produit une création. Et, comme toute création, elle s'incorpore à la vie, à notre vie, à celle des autres et, par conséquent, elle fait sentir sa propre influence.

Pour plus de clarté, j'ajouterai que le fait de doter ces créations d'une « force vive » leur donne une vie propre, si bien qu'elles s'incorporent, comme par effet « boomerang », à l'atmosphère qui nous entoure, influant et augmentant leurs caractéristiques dans la vie des hommes. Elles sont connues sous le nom de « formes-pensées » et sont capables de modifier, altérer ou intensifier n'importe quelle situation ou condition. Quand cela obéit à un processus créatif supérieur, le résultat ressemble à ce que vous venez de vivre.

Sur le terrain trivial, en apparence inoffensif, la surprise peut être désagréable. Imaginez une scène banale. Vous bavardez avec un groupe d'amis. La vie est belle : on rit, on plaisante, on parle de politique, on aborde la situation économique, on en vient à parler de la vie de famille, des gosses désobéissants, voire impossibles, du fils d'untel qui se drogue, etc, etc.

« Et alors ? me direz-vous, rien d'extraordinaire dans votre exemple ». En êtes-vous sûr ? Voyons cela de plus près.

D'abord, rappelez-vous les railleries sur le compte de ce collègue absent. Vous vous êtes moqués de son ingénuité, disant qu'il était « bête » et pire encore. Vous avez insisté lourdement sur sa façon de marcher, penché en avant, allant jusqu'à le surnommer « le bossu ». Affectueusement, bien entendu.

Rien que dans ce court exemple vous avez mis *sentiment, valorisation, visualisation et action.* Cette dernière en parole. Qu'en pensez-vous ? Les résultats sont loin d'être brillants ! Votre création humaine a été des plus atterrantes. Vous avez laissé dans l'atmosphère l'image d'un « bossu » avec nom et prénom qui, bien qu'il ne le soit pas, peut le devenir grâce à vous. Magnifique, votre création !

Heureusement qu'il n'y a pas eu préméditation parce que les conséquences seraient pires encore. Voilà le résultat des plaisanteries de mauvais goût. Maintenant, si nous nous penchons sur les sujets sérieux que vous avez abordés auparavant, les problèmes ne manqueraient pas : vous avez fabriqué l'idée, le sentiment et la vision d'un pays sans horizons, sans personnes qualifiées, d'une planète à jeter aux ordures et de familles sympathiques mais avec des enfants difficiles, prêts à grossir les rangs d'une quelconque secte, victimes de la drogue, bref, avec un avenir malheureux.

Oui. Sur ce seuil nous revoyons nos pouvoirs et il faut le prendre au sérieux. Nous ne pouvons pas continuer à semer des mondes catastrophiques. Nous l'avons fait trop longtemps. Cette épreuve est forte, j'en conviens, mais pas exagérée. Certainement pas. Si vous en doutez, considérez la réalité que vous avez vécue jusqu'à présent. Regardez la situation mondiale. Regardez-vous vous-même, vos proches, vos amis, vos compatriotes. Qui, croyez-vous, vous a rendus comme vous êtes ?

Il vous faut comprendre que les actions extérieures sont provoquées par une force créatrice interne qui les dirige et qui constitue le pouvoir humain détaché du pouvoir originel et total de la Source Génératrice, en d'autres termes, du Père. D'où son imperfection.

Maintenant que vous avez pris conscience de votre propre création, êtes-vous plus ou moins prêt à vous placer entre les mains du Père et à permettre que ce soit Lui qui soit aux commandes ? Rappelez-vous ces paroles de Jésus : *« Ce n'est pas moi qui fait les œuvres mais le Père qui est en moi ».* Il a exprimé cela pour vous, pour le jour où vous decideriez de suivre son exemple.

Il est temps de remarquer où vous êtes, maintenant que vous avez pénétré dans l'espace sept. C'est extraordinaire ! N'est-ce pas ? Devant vous s'ouvre l'infini de la Création Divine non encore manifestée et aussi de la Création existante. Vous percevez les seuils du Royaume et vous sentez accueilli par un amour indescriptible selon les concepts humains. Vous êtes le fils à qui le Père fait signe, l'invitant à s'avancer vers Lui.

Reconnaissant, vous renouvelez avec ferveur votre ferme intention d'aller jusqu'aux dernières conséquences pour parvenir à la Demeure de vos rêves, où cesse pour toujours d'exister ce changement constant que l'humanité appelle « mort ».

Quelle connexion magique ou électronique de votre cerveau et de tout votre organisme vous permet de vivre une telle expérience ? Elle figure sur le plan de route que, pas à pas, vous allez déchiffrer tout en traversant le pont expérientiel que ce livre a tracé. C'est à vous de choisir. Allez-vous continuer votre chemin ou allez-vous vous arrêter pour cueillir de jolies fleurs, au risque d'oublier votre propos initial ? Que le pouvoir divin de votre Ange Gardien vous guide et vous protège !

HUITIÈME PORTE

Portail initial derrière lequel apparaît le PONT. En lettres de feu, on lit dans l'air ce qui suit :

Entrée :

Tout être se reconnaissant comme « fils de Dieu » (ouvert à l'humanité entière).

Conditions :

Abandon de la personnalité humaine limitée devant être remplacée par l'identité divine (humilité devant le Père).

Connaissance de la Grande Loi, qui commence par ces mots : « Ont droit à l'héritage divin ceux qui auront suffisamment d'AMOUR dans leur cœur et en auront fait preuve au cours de leur pèlerinage terrestre ».

Sélection :

Elle se fera sur la base des canons les plus stricts, à partir de la couleur, intensité de lumière et rayon d'action du soleil intérieur émis par les postulants. À partir de là, ils seront placés à l'intérieur des sphères de création leur appartenant pour adapter le PONT à leurs capacités et besoins de renforcement.

Localisation du point de départ :

CŒUR – ESPRIT – MAIN, unis face au portail triangulaire.

Date de départ du voyage :

MAINTENANT … ET DANS UN ÉTERNEL PRÉSENT.

3

AU-DELÀ D'UN SIMPLE JEU

PETIT ROYAUME INTERMÉDIAIRE

RÉFLEXIONS NÉCESSAIRES

La liberté est le principe directeur de tout ce processus de régénération créative. Celui-ci se produit au moment où nous amenons à notre création externe, comme expérience de vie, les modèles créatifs supérieurs extraits des espaces morphogénératifs, auxquels nous avons eu accès à travers la récupération de notre ***être-énergie*** harmonieux, connecté à la Source Générique dirigeante.

Pour que cela se produise, la condition première est d'arrêter les courants intellectuels et de sentiments provenant de l'imagination humaine limitée, schématisée dans le « connu » ou facilement décodable dans notre réalité.

Cette compréhension mentale inférieure, qui forme la « prison analytique », est due à notre conditionnement physique ou atomique.[2]

C'est dans cette tridimension que règne la loi de la dualité, illustrée largement par l'exemple du couple humain qui, éternellement, recherche en l'autre son « idéal », son « complément », en résumé, son unité parfaite. Notre destin est le retour à l'UN, la dépendance de cette SOURCE ORIGINELLE pour les processus créatifs de vie. L'unité favorise cette victoire. La séparation la limite.

Tout le monde sait que notre histoire génétique est enregistrée dans chaque cellule humaine et que cet enregistrement continue sans cesse, conformément à nos propres modèles créatifs. Cependant, il y eut un moment où le fil de cette mémoire s'est perdu et nous sommes restés réduits à un blocage mental d'activité limitée à l'intérieur de ce véhicule que nous appelons « corps physique ». Création d' « oubli volontaire » ou action d'une grande loi ? Ces interrogations nécessiteraient qu'on leur consacre un chapitre entier, voire même un livre, mais ce n'est pas le point que je voudrais approfondir dans cette Méthode.

Nous dirons sommairement qu'aujourd'hui ce « pouvoir » s'est réfugié dans des pulsions cérébrales ne dépassant pas 12 % du total d'accès possible, exceptés des « éclairs » spontanés non contrôlables ni décodables.

---

2 L'étincelle divine que nous sommes dans l'être-énergie est le UN, l'invisible, l'électron. Dans le processus atomique, le UN doit se polariser pour exister dans ce champ d'action, c'est-à-dire se diviser en deux pôles magnétiques : positif et négatif, masculin et féminin, etc. Il en va de même de la polarisation du sentiment (pouvoir émetteur de l'énergie) : amour et haine aux extrémités, joie et tristesse, bonté et méchanceté, etc.

Notre activité actuelle nous fait avancer sur nos trois dimensions connues, toujours selon une ligne de pensée et de sentiment créatif à syntonisation horizontale, sur la base de l'être-énergie que nous sommes et sa faculté de se connecter avec son environnement, à l'intérieur du champ atomique. Ainsi devaient fonctionner ou fonctionnent les mondes bidimensionnels.

Quand avons-nous transcendé à cette troisième dimension et de quelle façon ou dans quelle mesure ? Si cette transformation a été enregistrée dans notre mémoire cellulaire, elle ne provient pas de notre mémoire génétique biologique, qui fait état de ce que renferme notre champ d'expression physique ou atomique, mais de la mémoire génético-énergétique qui porte en soi l'histoire de l'origine. Celle-ci doit correspondre à un processus d'expansion, si bien qu'il n'est pas nécessaire de passer par la bidimension pour arriver à cette troisième dimension. Nous devrions plutôt nous pencher sur le processus d'expansion créative, dont le plan est le retour à l'origine, et qui ne reviendra jamais à son état initial. Telle est la spirale qui échappe au cercle de l'éternel retour.

Toutes les différentes tendances spirituelles traitent en essence du retour à la maison. La science parle d'un univers en expansion. Notre réalité nous montre comme des êtres-énergie dont le processus créatif se manifeste. L'union entre science et esprit pourrait donner l'équation suivante : en tant qu'êtres-énergie, limités à une expression minimale de par notre existence dans cet univers atomique, nous créons depuis l'invisible pour donner partiellement forme à nos réalités, donc avec une marge d'erreur ; dans la mesure où nous nous rapprochons de l'origine par rétablissement des réseaux de connexion primitifs (dimensions supérieures), nos processus créatifs en expansion doivent nous ramener au point de départ. Or, il ne s'agit pas exactement du même point, mais de l'infini à l'éternité, avec individualité créative, mais sans indépendance de la perfection.

En considérant cette réalité, aujourd'hui, après des éons de temps à vivre la troisième dimension – c'est triste à dire – nous en sommes encore à utiliser à peine 10 % de notre capacité cérébrale ! On estime qu'Einstein aurait utilisé 12 % de son cerveau et il était sans conteste un génie de son époque. Peut-on envisager de dépasser ce record dans un laps de temps court comme le sont les générations d'individus, c'est-à-dire 80 ans en moyenne de notre « momentum existentiel » ?

Les processus de pensée et développement se poursuivront lentement jusqu'à ce que se produise la détonation brisant la barrière interdimensionnelle. Celle-ci ne correspondra pas à une ligne progressive horizontale d'activité cérébrale. Toutefois, les expériences recueillies permettent d'affirmer que la pulsion pour le changement existe, que la masse critique de stimulation est au point et que, si la barrière n'a pas encore été levée, celle-ci est devenue un voile pouvant être levé pour percevoir ce qui nous attend dans ces mondes de création parfaite, où tout existe pour être exprimé en plénitude : le Paradis promis au fils revenant au Père.

Et aujourd'hui l'aide est importante. Les événements cosmiques qui influent sur la planète sont comme une grande vague de surf. Il faut savoir l'utiliser à son avantage.

Cette expansion ou relation croisée d'univers, que nous pourrions déjà percevoir, constitue une grande responsabilité en transformant ceux qui l'expérimenteront en êtres créateurs, extracteurs d'univers créatifs supérieurs, où rien d'inférieur à cette perfection ne devra se manifester. Voilà ce qui est remis à l'humanité, disons par miséricorde divine, pour que les hommes deviennent des fils responsables de l'héritage du Père. Il s'agit de méthodes inspirées d'En-Haut, comme une corde tendue pour se hisser jusqu'à Lui.

Ces méthodes doivent être abordées avec un sentiment de responsabilité. Cela veut dire avec le sentiment de l'AMOUR connectant ce qui n'est pas encore manifesté à ce qui l'est. Nous retrouverons alors notre qualité de « fils de Dieu », exprimant ainsi l'héritage divin et, dans un soupir de soulagement, emprunterons la voie du retour à la maison.

L'union de l'art, de la science et de la religion est la clé infaillible d'entrée pour tous.

RÉVISION DES ASPECTS CRÉATIFS DE L'HOMME

L'homme est un créateur permanent. Il est créateur d'œuvres et d'événements qui doivent se répercuter d'abord sur lui, puis sur les autres et l'environnement. Ainsi, chacun transforme son existence à travers ses créations personnelles et celles d'autrui.

A-t-on bien créé ? Regardons autour de nous et jetons un œil sur notre vie, peut-être sur celle de quelqu'un de connu. Quel est le bilan ? Regardez les créations de vos êtres chers, qui affectent si directement vos champs émotionnels, provoquant des effets parfois transcendantaux et modificateurs sur votre vie. Les résultats ne sont pas aussi satisfaisants qu'espéré. Que s'est-il passé ? Où et quand avons-nous perdu la faculté de créer plus parfaitement ?

Cela aurait eu lieu au moment où la « désobéissance » s'est mise en marche. En nous séparant volontairement de la Source (Père), nous avons cru bien faire. C'est ce qu'indiquent les textes sacrés des grandes religions, ainsi que les mythes traditionnels de la création du monde chez différents peuples ancestraux, chacun décrivant l'événement à sa manière.

En d'autres termes, on a fermé la porte à l' « humilité » et à l' « obéissance », empêchant l'action créative supérieure, à travers notre connexion à la Source UN, d'agir en et à travers l'être humain, en harmonisant ses propres créations avec l'ordonnancement énergétique parfait, ce qui correspond à l'explication de Jésus : *« Ce n'est pas moi mais le Père qui agit »*.

Là était la clé de la création supérieure. De nos jours, il est plus facile de le comprendre. En abandonnant notre volonté créative à la source originelle d'énergie, celle-ci agira à la perfection dans l'unité originelle.

LE SECRET

Les deux principaux commandements de la Loi de Dieu, selon les enseignements de Jésus, sont insérés dans une unité d'activation :

Aimer Dieu par-dessus tout et
le prochain comme soi-même.

À travers ce commandement une grande clé nous est remise. C'est la clé énergétique de la religion[3] : s'unir de nouveau à la Source Primordiale, à notre modèle originel, pour ensuite faire resplendir la création primaire du fluide – ÉNERGIE-AMOUR – qui emplit d'abord notre être, par inspiration, allumant notre centre cardiaque comme un soleil, pour ensuite s'étendre à travers lui sans limites, par expiration, jusqu'à embrasser la planète toute entière si la volonté créative de l'être l'ordonne.

Ce lien énergétique va être le détonateur de l'*être-énergie-harmonique* dans sa manifestation expansive de perfection, créant un véritable champ d'influence, élevant ce qui est constructif et

3 Religion : re-ligare = relier, unir de nouveau.

devenant invisible, invincible et invulnérable à toute énergie créative contraire pouvant l'affecter. C'est le commencement de la récupération du « fils » à travers le lien filial, reconnu, accepté et aimé.

Si cela a lieu, nous verrons prochainement le ciel illuminer la Terre qui, élevée dans sa magnificence de création, récupérera la lumière que nous avons assombrie et presque détruite avec nos modèles créatifs limités.

Sur les graphiques 1 et 2 que vous retrouverez dans le cahier central des images, on peut apprécier la différence entre ces modèles créatifs d'énergie, ainsi que leurs respectives influences. Sur le premier graphique, nous voyons le noyau de pouvoir inséré dans l'homme qui, entre autres réseaux énergétiques, gouverne l'énergie atomique, permettant la manifestation de la vie sur ce plan. Il est lié à la reproduction de l'espèce à travers la manifestation sexuelle. Depuis cette fréquence, il commande les processus de force créative, laissant à sa merci la réserve de pouvoir située dans la zone de l'estomac, sous le diaphragme, et qui s'exprime à travers le champ des émotions ou sentiments.

Lorsque ces forces sont soutenues par la dispersion créative des deux hémisphères cérébraux, à cause du bas voltage sur lequel fonctionne l'équipement « humain » et conformément aux décisions de la volonté humaine détachée de sa source, elles dirigent le centre cardiaque – qui devrait contenir la puissance originelle de l'être, à travers la connexion correcte à la source – en l'affaiblissant. Cela présente alors un risque au niveau du résultat biologique qu'est le cœur.

De cette activation inférieure, ou de bas voltage, découlent aussi les éternels problèmes de la confusion amoureuse qui place sa puissance sur ces deux centres de gouvernement énergétique – le sexuel et l'émotionnel – empêchant la véritable manifestation de cet effluve harmonique, supérieur à tout sentiment connu sous cette influence. D'où les conséquences créatives remplissant cette vie de rencontres éphémères, d'insatisfactions et de séparations. Seule la nostalgie du sentiment supérieur nous fait toujours recommencer.

Les maladies affectant l'organe du cœur, comme l'infarctus, arrivent par influence de ces créations énergétiques : impressions émotionnelles fortes, grande tristesse, douloureuse séparation, profonde préoccupation, etc. Le cœur récupéré dans la « puce » centrale qu'il est, en tant que soleil en expansion irradiante, ne peut être affecté par quelque chose d'inférieur à la perfection qu'il transmet.

C'est dans ce moment de récupération du « flux divin » que les deux grandes forces gouvernant depuis l'humain se mettent au service de cette autre force supérieure.

APPRENDRE À VIVRE AVEC ART

« L'art véritable est l'expression créative correcte, sur le plan physique, de la perfection créative supérieure ou divine ».

Les éternelles interrogations de l'homme – qui suis-je, d'où viens-je et où vais-je ? – se résolvent dans la simplicité de la prise de décisions quotidiennes, lorsque nous comprenons notre principal rôle dans chaque acte de chaque jour : CRÉER. Et chaque décision fait partie d'un acte créatif, où les quatre instances fondamentales le composant viennent jouer leur rôle : *sentiment, valorisation, visualisation et action ;* le sentiment étant le plus important puisqu'il commande et définit l'acte.

« Juan, je reviens, je vais prendre un café et acheter des fleurs pour Isabel… » semble une phrase banale indiquant un acte anodin. Cependant, elle contient deux actes créatifs en mouvement, dans lesquels les quatre instances mentionnées précédemment ont joué leur rôle. Ce qui a déterminé l'action a été le sentiment, le désir qui a alimenté la décision de sortir prendre un café, uni au sentiment de vouloir offrir des fleurs à une amie, d'où l'intention de les acheter, ou de les cueillir dans le jardin, ce qui revient au même. L'important est de comprendre comment un sentiment produit un résultat construisant notre habitude de vie. La valorisation du fait est directement liée à la qualité de l'action : si notre décision provient d'un sentiment positif, harmonique, notre énergie a de la valeur. Au contraire, si c'est la colère et la tristesse qui la motivent, celle-ci est dévalorisée et les résultats se syntonisent avec ces fréquences.

La visualisation est instantanée ! N'avez-vous pas vu le personnage allant prendre sa tasse de café et les fleurs qu'il va offrir à Isabel, en même temps qu'il informait de son absence ? Puis, vient l'action. Si celle-ci est externe, elle va devoir prendre forme sur le plan physique et donc parcourir temps et espace avec les difficultés correspondantes à vaincre. Si elle est interne, comme dans le cas d'un ordre créatif de l'être-énergie à l'être-énergie, elle est exécutée instantanément car elle n'a pas besoin de se concrétiser physiquement, ayant lieu depuis l'origine et pour l'origine, où règne l'atemporalité.

C'est ainsi que nous créons le réseau de notre « destin ». Pour beaucoup celui-ci est inexorable, fixé d'avance. Pour d'autres, il n'y a rien de préétabli. Ces deux positions sont correctes : d'un côté, il y a un plan d'apprentissage à accomplir, mais la façon dont nous le réaliserons dans le délai imposé par la vie va dépendre de notre faculté créative de libre arbitre, qui nous fera syntoniser différentes fréquences ou résultats, selon nos sentiments. L'entraînement s'avère difficile lorsque nous nous trompons dans la prise de décisions, résultat de sentiments confus, mais il est facile lorsque nos sentiments sont harmoniques et élevés : l'amour, la gratitude, la joie, etc.

Comprendre cela nous amène à cesser de nous culpabiliser ou de culpabiliser autrui de nos situations. Seule existe l' « erreur créative », raison pour laquelle nous apprenons à créer dans cette dimension spatio-temporelle, limitée par nos propres processus. Notre apprentissage ne dépend pas d'autrui ni celui d'autrui de nous. Nous sommes des co-auteurs créatifs et notre progrès dépend de chacun.

Il conviendrait de nous demander quels seraient les résultats obtenus à la suite d'une décision prise sous l'effet d'un sentiment négatif tel que la colère. Imaginez votre voisin se plaignant de votre chien qui a mangé les fleurs de son jardin. Deux options se présentent : soit nos sentiments s'abaissent au niveau de l'agression et nous réagissons furieusement, à la suite de quoi le voisin s'en retourne indigné, soit, sans nous sentir atteints mais respirant l'harmonie, notre sentiment de compassion débouche sur un dialogue et tout est bien qui finit bien. Que se passerait-il si un voleur entrait chez vous et que le voisin entendait des bruits anormaux. Vous préviendrait-il ? Sans l'ombre d'un doute. Et dans le cas présent, il serait votre meilleur allié. C'est ainsi que nous tissons ensemble les réseaux de notre destin. Les sentiments de doute, d'échec, de peur, de colère sont nos pires ennemis à l'heure de prendre des décisions. En d'autres termes, de créer notre vie.

Nos processus créatifs se déroulent du niveau le plus bas au plus transcendant, allant du plus subtil au plus concret, du simple au complexe, pas à pas et à chaque instant. Même le choix de la rue que nous allons prendre pour rentrer chez nous joue un rôle transcendantal dans notre vie ; ce choix dépendant de la qualité de notre sentiment au moment de choisir. Nous syntoniserons les événements qui se dérouleront au niveau vibratoire de ce sentiment, que nous le voulions ou non. C'est ainsi qu'on apprend à créer.

Toute expression créative jaillissant de la force du sentiment donne forme à des événements énergétiques qu'elle transmet et qui peuvent être constructeurs ou destructeurs selon le degré de polarité employé. Si cette manifestation correspond à un artiste, quelle que soit sa manifestation, la responsabilité est énorme et doit être prise au sérieux étant donné le degré d'influence énergétique répercuté sur ceux qui reçoivent son œuvre, qu'elle soit musicale (par le son), picturale (par la vue), littéraire (par la perception), etc.

Tant que vous ne ferez pas vous-mêmes l'expérience de cette méthode, pour prouver ce que j'avance, je pars d'un postulat en réponse à l'éternelle question. Nous sommes des êtres-énergie qui créent depuis l'invisible les résultats que nous voyons comme des réalités. Nous sommes venus dans cet univers apprendre à créer correctement (apparemment nous avons tout raté). Quelle est l'importance d'un tel apprentissage ? Son importance tient au fait que notre destin est simplement d'être des créateurs d'univers dans un processus de co-création avec la Source Générique. Cela ne se fait pas sans Elle, comme nous avons pris l'habitude de le faire. C'est ce qui est connu comme l'action conforme à la LOI.

Si nous sommes faits à l'image et à la ressemblance de Dieu, Archétype UN, Source Générique ou quelle que soit la définition que nous Lui donnons, et sommes les seuls dans cette création à avoir cette faculté, notre destin ne se réduit pas à un programme fataliste mais s'ouvre infiniment à chaque souffle créatif de la respiration supérieure, à travers notre équipement branché sur Sa fréquence.

Nous pouvons imaginer que la maison où nous vivons a d'abord existé dans l'invisible, et ni plus ni moins dans la tête de l'architecte qui l'a conçue. Il s'y est promené, a été le premier à l'habiter, voyant le soleil entrer par les fenêtres qu'il traçait, voyant les terrasses, le plafond aux poutres apparentes. Il a même pu apprécier la vue depuis les fenêtres de la plus petite pièce. Ensuite, il a fallu concrétiser cette création par un dessin, un plan, une maquette et, en dernier, la construction. Vous habitez aujourd'hui une maison qui a d'abord existé dans la tête créative d'un être humain. Étendez cet exemple à toute la ville où vous vivez : bâtiments, boutiques, centres commerciaux, rues, éclairage public, feux rouges, réseau téléphonique, places, centres culturels et de loisirs, cinémas, voitures, vélos, trains, avions, etc, etc. Tout a d'abord existé – avant de devenir notre « réalité » – dans l'invisible, au niveau de l'esprit des êtres humains. Notre façon limitée d'interpréter, de sentir et de percevoir cette apparente réalité nous a conduits à l'accepter comme vraie et immuable seulement parce qu'elle est visible et tangible.

Par conséquent, vous habitez un résultat, dont vous croyez qu'il est une réalité inamovible. Les différents matériaux de construction utilisés dans le bâtiment ne sont autres que des résultats de constituants de la nature. Ils sont le produit de diverses fréquences vibratoires, divers poids moléculaires, etc., et tous paraissent infranchissables et inviolables. Leurs compositions nous isolent, nous protègent, nous enferment, nous servent, nous habillent, nous amusent ou nous limitent. Toutefois, si nous connaissions la loi modifiant leurs champs moléculaires, autrement dit si nous pouvions intervenir au niveau de l'être-énergie ou de leur origine énergétique, nous pourrions changer les résultats : traverser les murs, régénérer un organe malade ou déplacer des montagnes serait un véritable jeu d'enfant.

« Si vous aviez la foi d'un grain de moutarde, vous déplaceriez des montagnes », dit Jésus, nous remettant ainsi une clé très importante. Les montagnes sont des cohésions moléculaires spécifiques donnant pour résultat cette qualité mais, si nous connaissions la loi qui change leur structure moléculaire, nous pourrions changer ce résultat. La façon de procéder se situe dans l'invisible, au niveau de l'énergie. Plus spécifiquement au niveau de l'être-énergie d'Einstein qui – depuis la « certitude » de l'invisible, c'est-à-dire la foi – est capable de donner naissance au pouvoir du « miracle ».

Ainsi se tisse le réseau unissant science et esprit. Aujourd'hui la physique reconnaît des expériences de laboratoire au cours desquelles on a réussi à modifier la structure moléculaire de la matière. Sur un exemple aussi concret qu'un changement de jouet, un camion a été remplacé par un ours en peluche par simple modification de ses processus invisibles.

De l'union de la science et de l'esprit jaillit l'art comme une conséquence de la création correcte. La démonstration sera faite lorsque cette technique sera mise en pratique. En ayant accès, à travers le centre pinéal, aux champs créatifs supérieurs ou espaces morphogénératifs, vous ferez des expériences sensorielles et souvent visuelles ou interactives susceptibles d'éveiller en vous des mémoires ancestrales échappant à la compréhension limitée que nous avons dans ce temps et dans cet espace.

En même temps, il se produit un processus d'interaction créative généré par l'influence spectrale reçue à travers l'expérience et qui se traduit sous forme de lumière, de couleur, d'images et d'interactions jamais vues ou vécues sur le plan physique. Si ces références créatives sont esquissées sous forme d'ébauches avec leurs couleurs, selon le souvenir que nous en avons, le fait de les observer ferme chez le participant un cycle énergétique d'influence. Si elles sont observées par d'autres personnes, celles-ci reçoivent l'influence énergétique de haute vibration, émanée des espaces supérieurs qui influeront positivement sur leur être. Ainsi, nous avons la preuve de l'affirmation selon laquelle l'art est l'expression externe adéquate de la perception de la perfection créative supérieure.

APPRENDRE À CRÉER CONSCIEMMENT

Pour créer correctement, il faut connaître et respecter les grandes lois universelles régissant ce système de mondes et l'univers. La première à reconnaître est la Loi d'Acceptation et, pour ce faire, il convient d'user correctement du pouvoir de l'attention. Acceptation et attention sont étroitement unies au niveau des résultats, comme nous allons le voir, et leur usage directionnel est indispensable pour la récupération du modèle originel de perfection. Où nous plaçons notre attention se trouve ce qui entre dans notre monde, et l'acceptation – qui est la force du sentiment – est indispensable pour que cela agisse dans notre être.

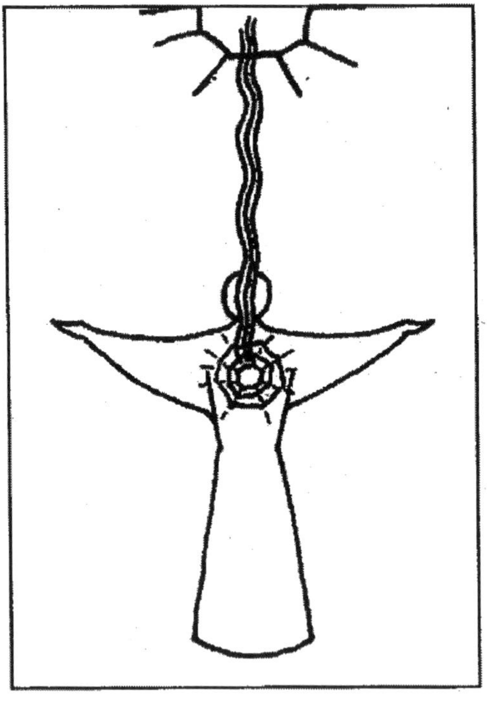

Lorsqu'un être cher vient nous voir, nous lui ouvrons grands nos bras, l'acceptant dans notre intimité énergétique par une chaleureuse embrassade, résultant du sentiment produit en nous par l'action créative de cette visite. C'est une offrande horizontale marquée par un mouvement gestuel d'ouverture. Si ce geste – né du sentiment le plus pur d'acceptation – se faisait vers le Haut, avec la même intensité, de même que le visiteur entre en nous et s'introduit dans notre vie, ce vers quoi nous plaçons notre attention (et tout notre sentiment) entrerait en nous. Dans le cas présent, il s'agit de l'acceptation du lien avec notre Source Générique ou Père.

C'est ainsi que se forme la Coupe Alchimique dont la base, où coule l'Eau de Vie, est le centre cardiaque (voir croquis ci-dessus). L'éternelle recherche du Saint Graal – coupe dans laquelle Jésus but au cours de la dernière Cène – a fait l'objet de pèlerinages, de recherches et de plusieurs livres théoriques à ce sujet. Jésus a dit : « Je ne m'adresse pas à vous mais à ceux qui viendront… ». Peut-être sa connaissance dépassait-elle le niveau de compréhension de l'époque.

Selon les anciens manuscrits mayas, la tradition égyptienne et les études du mouvement de notre galaxie par rapport à son soleil (Alcyone), il existe une période d'éloignement et de rapprochement de cet astre estimée à 25.920 ans. Il s'agit d'un parcours ellipsoïdal depuis la lumière (ou fréquences très hautes et accélérées) vers l'obscurité (ou fréquences très basses et lentes). Il y a 2.000 ans, nous aurions franchi le point critique entre l'obscurité et la lumière. Jésus est venu sur Terre au cours de la période la plus sombre de l'humanité, c'est-à-dire juste sur le mouvement intermédiaire entre l'obscurité et le passage vers la lumière, produit par le glissement de notre système solaire dans le processus décrit. D'où la grande difficulté de compréhension de l'humanité de cette époque, chez qui la fréquence vibratoire de l'équipement pensant était plus dense.

Cela signifie que nous sommes aujourd'hui placés dans des conditions plus favorables pour comprendre tout ce qui est lié aux lois de l'énergie et leur relation avec la mystique spirituelle et son expérience. Lorsque nous acceptons notre lien avec la Source Générique, ou Archétype UN, nous connectons notre équipement et identifions en un geste éthérique la coupe ou Graal alchimique qui se forme en levant les bras pour accepter ce que nous voulons laisser entrer en nous : l'eau de vie ou fluide créatif le plus grand de l'univers appelé AMOUR.

Cycle de rotation du système solaire en 5123 années, selon la tradition maya.

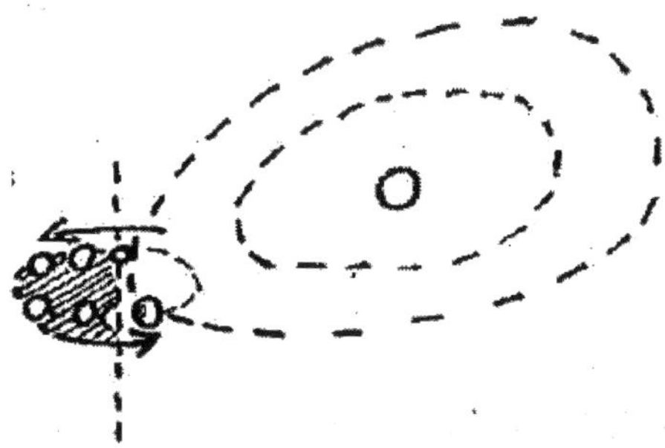

Jésus a dit en son temps : « Ceci est mon corps, ceci est mon sang, buvez et mangez-en tous », tout en montrant la coupe, tandis qu'il ajoutait : « Faites ceci en ma mémoire ». C'était la façon d'entretenir le souvenir par une cérémonie[4], à travers le rite[5] de l'Eucharistie, devant permettre à l'humanité de maintenir le lien à travers une volonté externalisée de communion jusqu'à

4 Rite : ordre (correct ordre, en sagesse, de l'usage des énergies).

5 Cérémonie : actes rappelant le rite, sans qu'il soit nécessaire de connaître les lois de cet ordre.

ce que les temps soient accomplis pour un rattachement par soi-même.

Quelque chose de similaire a lieu avec l'usage du Feu Sacré en Orient, connu sous le nom d'« agni jothra », de nos jours largement diffusé dans le monde par des groupes prônant l'équilibre écologique de la planète à travers une croisade connue sous le nom d'Oma. Tant que l'être ne découvrira pas le pouvoir du Feu Sacré interne (qui ne se dévoile qu'après s'être révélé par l'expérience interne) et sa relation avec les rayons cosmiques (pénétrant aujourd'hui plus fortement dans la Terre du fait de l'absence partielle de la couche d'ozone), ce cérémonial doit continuer. Tout ce qui se trouve apparemment hors de l'homme est en lui-même et son usage pourra être parfait si la loi correspondante est respectée.

Il est indispensable de connaître les lois et de les appliquer pour que les résultats soient corrects. Ainsi, lorsque nous comprenons qu'à partir de l'être-énergie nous pouvons lancer un ordre créatif conscient pour allumer notre équipement convenablement, celui-ci s'allume comme n'importe quel équipement électronique entrant en fonctionnement, selon les circuits interconnectés. Pour allumer le centre pinéal, il faut en donner l'ordre correctement, à partir du sentiment, en appliquant la visualisation convenable tout en sachant exactement où la diriger et ainsi obtenir les résultats envisagés.

Pour ouvrir les portes du Paradis et entrer dans la création supérieure il faut :

Activer l'être-énergie harmonique.
Se relier au réseau central ou Source Générique et actionner la glande pinéale de l'intérieur au moyen de la lumière.

Voilà un thème sérieux et qui constitue une grande aventure, peut-être la plus grande qu'il soit donné à l'homme de vivre : celle de parvenir à la *maîtrise de soi.* C'est « voler sans drogue » et avec bonheur, comme l'a exprimé un jeune étudiant après en avoir fait l'expérience.

4

JOUONS SÉRIEUSEMENT

Nous sommes devant le pont, sur le point de commencer la traversée. Je vous propose de faire une halte et de nous réunir autour d'un feu de camp, comme de bons explorateurs, pour passer en revue notre programme et de tracer la voie que nous allons suivre pour éviter de nous égarer en perdant du temps. Au travail !

A) Nous commencerons par un panorama général pour que vous puissiez assister à la traversée de ceux qui sont déjà sur le pont.

Ces pionniers vous montreront, par leur expérience, comment avancer correctement avec assurance, vous facilitant ainsi la compréhension de ce qui constituera votre propre aventure. Nous appellerons cette étape « Introduction au Plan ».

B) Par la suite, je vous inviterai formellement à traverser le pont à travers votre propre vécu, mais à condition de suivre pas à pas les instructions personnelles que je vous remettrai. Vous pourrez, à cette occasion, comparer vos aventures avec celles vécues par des compagnons de route qui vous ont devancé.

LE PONT SE PRÉSENTE À VOUS

Pour pénétrer sans crainte ni insécurités dans la nouvelle terre que nous explorerons, il convient de savoir ce qui s'est passé avec ceux qui ont déjà traversé le pont de cette histoire créative. Pour ce faire, nous commencerons par les expériences du premier jour où cette technique a été mise en pratique et verrons ses développements.

Vous allez flotter parmi un va-et-vient de perceptions provoquées par l'harmonisation énergétique de l'être, jointe à une augmentation naturelle de l'interaction hémisphérique cérébrale. Celle-ci sera stimulée par l'activation interne du circuit électronique correspondant à l'illumination du centre pinéal après élévation de l'équipement qui aura atteint la fréquence adéquate en se connectant avec les clés de l'origine.

Nous fîmes nos premiers pas dans cette « réalité » de résultats un mardi de l'automne 1992, dans une ville du désert du nord du Chili. La salle, appartenant à une école de peinture, était petite et accueillante. Les sept premières participantes étaient des femmes, puis les hommes les rejoignirent par la suite. Dans une ambiance détendue, et non sans expectatives, le coup d'envoi fut donné à la première des cinq phases composant ce séminaire.

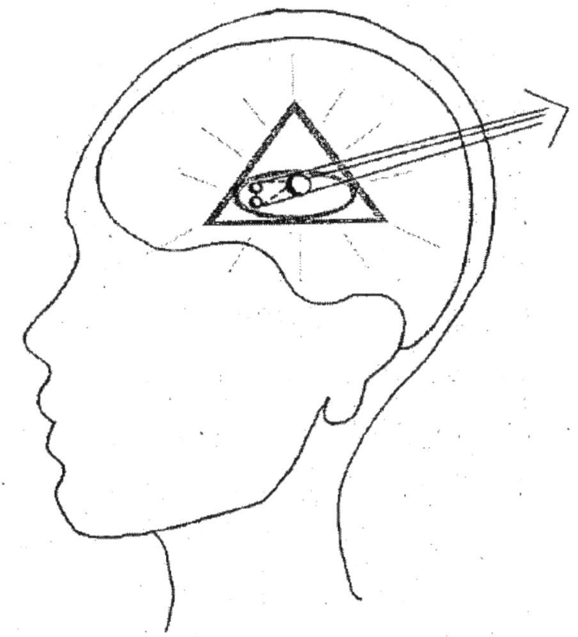

INTRODUCTION AU PLAN

REPASSONS VOTRE HISTOIRE

Du début à la fin, la constante de chaque session était donnée par une période de relaxation rapide, conduite par chacun, et dont la caractéristique consistait à placer l'élève dans un état harmonique, absolument conscient de son *être-énergie*.

Durant la période de relaxation avait lieu une séquence de quatre visualisations différentes se basant sur divers réseaux d'énergie, manifestés à travers les rayons de l'arc-en-ciel. Son objectif principal était de situer l'être devant son vécu en tant qu'*être-énergie* ; sentiment, comme réserve de pouvoir, et syntonisation par fréquence *harmonique-amour*.

Ce n'est qu'à partir de là que l'étudiant pouvait commencer à pénétrer dans les dynamiques stimulant sa capacité cérébrale, comme c'est le cas de l'activation de la glande pinéale.

Activation de la glande pinéale

Mise en service du triangle pinéal-pituitaire.
Interaction des deux hémisphères cérébraux conjointement à l'activation de la pinéale.
Utilisation de ce réseau pour pénétrer dans les « espaces morphogénératifs ».

Nous appelions aussi ces espaces « champs de création supérieure illimitée pluridimensionnelle » ou « esprit universel du non encore manifesté ». Ils se trouvent au-delà du portail triangulaire pinéal-pituitaire.

C'est l'accès expérientiel d'interaction créative avec la création supérieure du 100 % manifesté (accès uniquement possible de cette façon) sans passer par la compréhension intellectuelle étranglant l'activation de la mémoire ancestrale pour la réduire à seulement 10 % d'influence et de compréhension. Cela revient à attraper la lumière dans une bouteille noire et complique le saut quantique susceptible de produire le miracle de la création parfaite. (Voir graphique page suivante.)

Parallèlement, leurs voies d'expression artistique devaient s'activer comme des instruments accordés de glissement et projection, base primordiale pour l'obtention de résultats pratiques. C'est de cette façon que nous allions avancer dans les exercices correspondant à chaque phase.

ENTONNOIR CRÉATIF

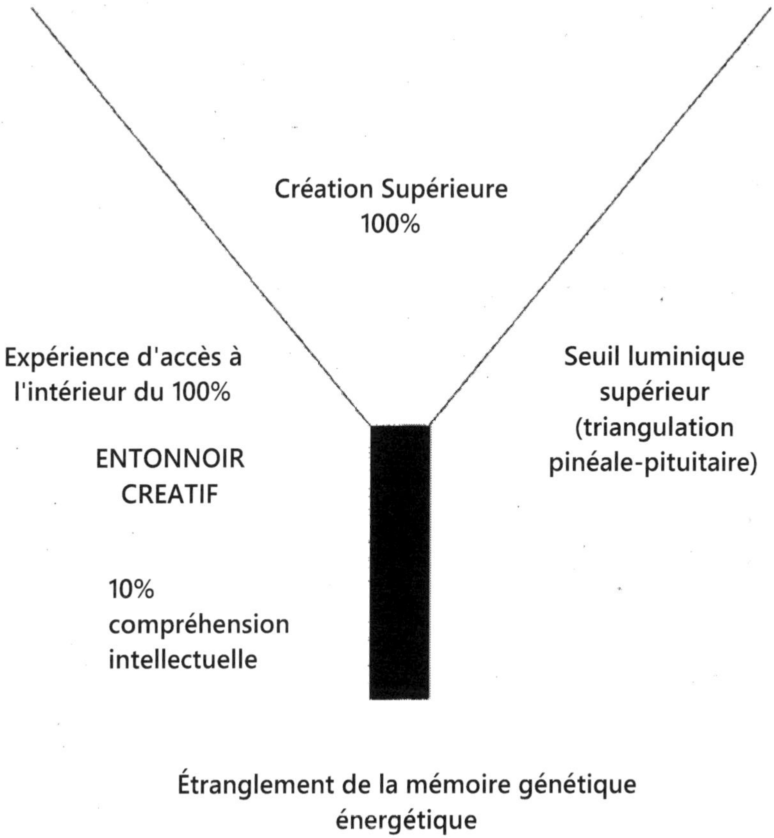

Ces exercices consistaient à donner forme aux expériences vécues par des esquisses plastiques au niveau du sentiment et de la perception. Bien entendu, ils prirent également en compte les éléments inconnus qui apparurent au cours de cette lueur de plus en plus claire de l'esprit universel.

Il n'était pas nécessaire d'avoir de dons artistiques. Ceux-ci viendraient en chemin, au-delà du propos fondamental de ces exercices. Le participant se mettait à jouer sérieusement, même sans avoir encore compris qu'il se lançait dans une grande entreprise consistant à faire l'expérience de l'union entre science, art et esprit.

Le schéma de travail décrit contribuait à fixer, sur le plan physique et dans la mémoire externe, ce qui devait constituer des éléments de transformation quantique et de création intégrale. Au début, des clés d'originalité étaient remises à travers l'expression de l'expérience par la plastique. Puis, vinrent les couleurs et le vécu à travers la composition et le jeu des formes.

Ces expériences demeuraient dans la mémoire cellulaire et devaient devenir modificatrices de traits, d'attitudes, d'aptitudes et de l'identité du participant qu'elles entraînaient vers des courants harmoniques d'action, sans parler des changements instantanés produits par la propre expérience inter-dimensionnelle.

DÉBUT DE L'AVENTURE

LA PREMIÈRE PHASE LAISSE DES TRACES

Préparons-nous. Après la relaxation, nous commençons à donner les ordres créatifs correspondants par lesquels nous relions consciemment notre univers de sensations et facultés aux forces inconnues de l'énergie mouvant ce monde ; énergie qui s'exprime par un jeu où nous ne prenons pas suffisamment au sérieux ces dynamiques de couleurs nous enveloppant et circulant à travers nous pour nous transformer en dynamos harmoniquement chargées.

À ce point de notre avancement, il convient de rappeler ce que sont la Source Générique d'énergie et l'Énergie Universelle en tant que telle.

La Source Générique ou émanatrice d'intelligence totale – le gouvernement central – est connue spirituellement comme notre Père Universel, Dieu, ou quel que soit le nom qui lui est donné dans les différentes disciplines ou expressions spirituelles.

L'Énergie Universelle circule en toute chose et est partout. Elle n'est ni bonne ni mauvaise ; sa transformation en créations de « vie » constructives ou destructives dépend de l'usage qui en est fait et de la valeur qui lui est donnée.

Dans le cas spécifique qui nous intéresse, il n'y a ni usage ni manipulation de l'énergie. Il s'agit de se « connecter » à la source d'origine, à laquelle nous appartenons, à notre « Père Créateur » qui COMMANDE L'HARMONIE DE L'ÉNERGIE qu'Il déverse. C'est à partir de cette connexion qu'il devient possible d'utiliser, de diriger ou d'exprimer volontairement l'énergie se trouvant à notre disposition, sans risques et avec tout son pouvoir harmonique permettant la perfection créative.

Cela étant précisé, reprenons notre jeu afin de devenir les amis sincères d'impressionnants rayons de pouvoir et, remplis d'amour. Préparons-nous à franchir la barrière pour nous plonger véritablement dans une histoire nous conduisant à connaître notre propre vie.

Nous nous promenons, à cette occasion, par le sentiment et l'action, dans les parages exubérants d'un conte : « *La petite fille qui voulait être une fée* », dont nous sommes les protagonistes (moi y compris, ne pouvant m'exclure d'un vécu comme celui-ci). Nous passons par la crainte, la joie, la peine, la solitude et la victoire. Au retour, nous réalisons que nous avons ajouté un chapitre à notre existence, qui hier encore n'existait pas et qui a provoqué dans notre inconscient l'occasion de déterrer certains blocages créatifs de notre être-énergie afin de les guérir. C'est le début de l'interaction créative capable de réaliser les ajustements correspondants pour gagner les batailles de la vie.

Toutefois, pour que tout cela ait lieu définitivement, nous portons cette première expérience au niveau de la création plastique, où le vécu est représenté à partir de la possibilité de donner forme aux sentiments à travers volumes, couleurs, mouvements, etc. Dans le cas de couleurs violentes, opaques, tristes, on étudie la zone coloriée et sa représentation pour ensuite les remplacer par des couleurs de haute fréquence telles que les arcs-en-ciel ou des couleurs électroniques, devant représenter l'œuvre finale.

Pour que les effets bienfaisants se manifestent, il faut apporter des modifications à nos compositions. Dans l'idéal, tout ce qui n'est pas à sa place et qui indique des focalisations énergétiques erronées, bloquant certains aspects créatifs, doit être modifié et changé de place, petit à petit, sur 5 ou 6 dessins à la suite, jusqu'à parvenir ainsi à une recomposition idéale favorisant nos propres changements.

Ces modifications ont lieu dans un laps de temps court – entre deux et dix jours – afin d'éviter l'intervention des schémas mentaux du style « je n'y crois pas », « ça prend du temps », « c'est dur », entravant le succès de l'exercice. Cela revient à retirer de l'intérieur une « puce » de mémoire énergétique-créative qui, exposée devant nous, montre les fils à ressouder, ceux qui se chevauchent et ceux qu'il faut réajuster. La réparation doit être minutieuse, fil après fil, circuit après circuit. En replaçant correctement tous les éléments du dessin, nous obtenons une puce prête à être réutilisée ; nos ordres créatifs, depuis l'invisible et sur la base de nos sentiments, doivent ainsi donner lieu à de nouveaux résultats.

Finalement – oh ! Miracle ! – quelque chose a changé définitivement dans notre être. Nous ne parvenons pas à savoir quoi, mais peu importe. Certains sentent quelque chose comme un sac à dos tombant de leurs épaules, des soupirs de soulagement expriment la liberté ressentie par d'autres et, plus encore, cela conduit à des transformations miraculeuses au niveau de la vie familiale et professionnelle. Il ne convient pas de chercher à définir ces résultats afin de ne pas limiter leurs effets en restant prisonniers de l'interprétation partielle de l'intellect.

Cette phase a pour objectif la préparation nécessaire permettant d'affronter, avec équilibre et disponibilité, les neuf autres exercices qui sont liés et s'enchaînent évolutivement. Cette expérience trace le plan de la route la plus directe et dégagée qui soit pour parvenir au but.

Ce qui s'apparente à un rite magique n'est que la mise en action d'un événement créatif (ne passant pas par l'intellect et dont nous sommes nous-mêmes protagonistes) qui travaille les sentiments, autrement dit la réserve de pouvoir créatif de l'être-énergie que nous sommes. Il en émerge alors la sagesse de cet être unique qui est libre, atemporel, lié à la perfection supérieure et capable de nous fournir le diagnostic de nos processus pour qu'ensuite, par un exercice de volonté, nous changions les éléments en mauvais état, améliorant nos résultats et fortifiant notre équilibre créatif.

MAGIE DE L'ART RUPESTRE

SUPERSTITION OU SAGESSE ?

Pour appuyer les précédentes explications, voici un exemple d'une recherche menée il y a quelques années par des spécialistes dans des disciplines telles que l'anthropologie, l'archéologie, la physique, l'art, etc., en un certain point d'Australie.

L'endroit s'appelle le « pays de Kikon », où vivent des aborigènes appelés « le peuple bon ». Là se trouve l'art rupestre le plus intéressant et peut-être le plus important du monde. On y trouve une série de peintures fascinantes. Certaines décrivent un grand cataclysme qui aurait affecté la planète. Les spécialistes, incapables d'expliquer leur contenu, les ont examinées superficiellement, en tant qu'expression de l'environnement.

On y trouve aussi deux autres peintures de grande taille, apparemment très significatives pour les cultures aborigènes, où l'art se mêle à la magie (science de l'énergie). Les experts ont conclu leur recherche en déclarant qu'elles avaient à voir avec des rituels ayant des effets sur la communauté et son milieu.

Le premier dessin représente un cavalier tombant de sa monture, sur le point d'être écrasé par l'animal, et le second un homme enfonçant une énorme lance dans un bison qui fait dix fois sa taille. Dans les deux cas, la précision de la scène est remarquable. Tandis que, dans la première, la patte de l'animal retombe irrémédiablement sur le corps de l'homme, dans la seconde, le bison a la patte repliée et tombe, incapable de retrouver son équilibre.

À travers ces deux exemples, on remarque l'intention de provoquer l'événement représenté avec la plus grande précision possible afin que, dans la réalité, se produise un événement similaire ou semblable à celui décrit. Les artistes complétaient leur œuvre par un rite dans lequel les forces ou énergies de la nature aidaient à provoquer le « miracle ». Dans le premier cas, l'ennemi susceptible de dévaster la communauté était victime d'un accident et, dans l'autre, l'aliment de la tribu était assuré.

RÉFLEXION. Une expression créative irradiant par le dessin et soutenue par des forces telluriques ordonnées dans un rituel (rite = ordre) permettait l'apparition de l'événement sur ce plan de manifestation.

De nos jours, nos connaissances et expériences nous permettent de dire qu'il s'agissait d'un exercice de transfert énergétique créatif.

RETOUR SUR LA ROUTE

Poursuivons notre marche. Un autre voyage se prépare, cette fois, en avançant sur le pont. Un voyage plus audacieux, devant nous mener loin, là où personne n'est encore allé consciemment : vers l'autre espace, situé au-delà du seuil triangulaire lumineux de la pinéale. C'est dans cet espace qu'ont commencé à être perçus, comme à travers la lentille d'un appareil photographique, les processus créateurs multidimensionnels de l'esprit supérieur et immanent. Et – fait extraordinaire ! – nous avons pu les recueillir à partir de notre condition consciente d'être-énergie.

Voici le vécu merveilleux acheminant définitivement le participant vers quelque chose d'inconcevable pour l'esprit humain : l'éternel inconnu des processus créatifs supérieurs et illimités.

LA PAROLE EST AUX AUTRES MONDES

L'une des premières expériences permettant d'apprécier la grande différence entre notre création humaine et la perfection de la création divine a été obtenue à travers l'exercice suivant :

Une fois la glande pinéale stimulée et activée dans notre ***être-énergie harmonique****, créons par l'imagination un élément, un objet ou une forme, que nous visualisons dans tous ses détails, comme un « hologramme ». Ensuite, donnons-lui l'ordre de pénétrer – par le portail luminique – dans cet espace infini et attendons de voir ce que devient notre création après avoir franchi cette frontière.*

L'impression reste toujours frappante. Ce que nous avions imaginé en tant que forme, couleur, poids, volume ou quelles que soient ses caractéristiques a pris immédiatement un tour inattendu : pour quelques-uns, il s'est multiplié à l'infini et pour d'autres, il s'est illuminé de doré ou a éclaté en mille morceaux. Dans certains cas, il a changé l'intensité du champ lumineux, a grossi et, parfois, s'est transformé en événement d'interaction insoupçonné. La création supérieure modifie toujours notre propre processus créatif et, à travers cet exercice, nous avons pu le constater.

Par ailleurs, cela nous a aidés à accroître notre foi dans les expériences transcendantales survenues au cours d'états de méditation ou de connexion spirituelle, que nous ne prenons pas souvent au sérieux, pensant qu'il s'agit de notre imagination. Lorsqu'une création issue du tremplin de notre imagination réussit à connecter ses circuits avec la création supérieure, elle subit des modifications étonnantes échappant à notre contrôle. L'interaction de ces deux processus créatifs est clairement perceptible à travers cette expérience.

D'autre part, lorsque c'est l'*être-énergie* qui s'introduit dans cet espace, les expériences qu'il vit sont absolument personnelles et transcendantales. Il y a eu des cas de régressions vers d'autres vies, où l'accès à de tels vécus est réservé dans le seul but de produire des ajustements ou transformations favorables à l'être.

Voici quelques exemples de ces expériences[6] de premiers voyages dans les espaces virtuels de création infinie :

Expérience 1
Protagoniste : Altese

> **... Ce qui m'a le plus frappée, c'était de voir cette grande porte sans serrure ni clé. J'étais face à elle, souhaitant la traverser et savoir ce qu'il y avait de l'autre côté. J'étais sûre d'y parvenir... Je n'avais aucun moyen physique pour l'ouvrir, mais cette assurance fit s'effacer et se dissoudre une partie de la porte. Je regardai à l'intérieur : de la lumière et rien d'autre. Lorsque je rapportai l'expérience dans mon cahier, je sentis cette lumière encore là, derrière ».**

6 Les noms des protagonistes ont été changés afin de respecter leur identité.

Expérience 2
Protagoniste : Altese

> ... Ensuite, au cours de l'expérience suivante, lorsque je transportai notre univers à cet espace multidimensionnel, je réussis à passer à travers cette porte des problèmes qui prirent la forme de dragons. D'une certaine façon, j'avais l'intuition de conflits intérieurs s'éloignant à travers cette porte. Cette lumière irradiant amour, tendresse, paix, tranquillité, foi et espérance, autrement dit tout ce qu'il y a de positif, a dissous les dragons. Ils sont devenus lumière, pureté, amour. Tout ce qu'il y avait de divin dans cette lumière était blanc et jaune. Je l'ai ressenti ainsi et cela m'a donné une paix intérieur très grande, très agréable ».

Altese a été la première à décrire son expérience initiale découlant de cette première phase. En plus de la dissolution de divers problèmes, sans les approfondir, rien qu'à travers ce vécu, elle a réalisé une composition plastique très belle, avec de jolies couleurs et produisant une impression visuelle frappante. Elle n'avait jamais soupçonné avoir de tels talents artistiques : aujourd'hui elle expose.

DIALOGUE ENTRE ESPRIT HUMAIN ET ESPRIT SUPÉRIEUR

Le récit suivant est celui d'une invitée à un voyage très spécial. Il s'agit d'une expérience de la deuxième phase, après activation de la glande pinéale.

Expérience 3
Protagoniste : Cecilia

...Les images que j'ai reçues dans cet exercice ont commencé par se manifester à travers de faibles lueurs et des couleurs douces. Puis, une colombe a surgit à l'improviste. Elle m'invite et, en montant sur elle, je m'aperçois qu'elle est immensément grande. Je pense que c'est l'Esprit Saint. Je l'embrasse (pouvant faire ce que je voulais là-haut : me dresser sur mes pieds, m'équilibrer, etc.). Je l'embrasse car je la trouve extrêmement belle. Soudain, je bascule et tombe. À ma grande surprise, je peux voler et me vois... avec des ailes.

Et la colombe, me prenant du bout de l'aile, comme par la main, m'entraîne vers le haut. Pendant un long moment, j'ai cette sensation de voler, voler, voler... Je me demande quand va apparaître la Terre. Quelque chose me dit que la colombe va me la montrer mais elle ne me répond pas. J'ai l'impression qu'elle ne veut pas que je parvienne à la Terre.

Mon souhait est de voir la Terre et, dans un grand effort, j'essaie de la faire surgir dans un coin, mais sans succès. Alors, la colombe fait un virage ascendant et monte, monte. À la fin, je vois de légers nuages. C'est une entrée, quelque chose comme un mur de nuages cotonneux, dans les tons roses, jaunes, bleu ciel et blancs. C'est une île dans l'espace ! Le paradis ?... Blanc comme la glace. Du cristal ! La colombe, en me précédant, me fait entrer. Je passe la tête et vois quelque chose de merveilleux : c'est le Paradis. Des êtres de lumière. Un paysage réellement beau ! Une plaine à n'en pas finir, remplie d'êtres et de petites fleurs. Il n'y a pas de terre, seulement des fleurs, des rivières, des rivières, des rivières jaunes et roses. Des rivières de couleurs ! C'est vraiment beau. Et partout le ciel, comme un arc-en-ciel s'étirant à l'infini.

De nouveau la colombe m'invite à entrer. Tous les êtres me regardent, se rendant compte que j'observe.

Je m'adresse à la colombe :

— Je ne suis pas prête pour entrer.

— C'est ce que tu crois, répondit-elle. Tu peux entrer.

— Non, je ne suis pas prête. Il me manque de la préparation. J'ai encore du chemin à faire.

J'essaie de me cacher dans ce nuage facile à traverser... et je reviens avec la sensation d'être descendue tellement vite que je m'étouffe (effectivement, à ce moment de l'expérience, elle s'est mise à tousser)... mais c'était vraiment beau et avec des sensations difficiles à imaginer ».

Plus tard, Cecilia révélera un autre vécu relié à des vies antérieures, comme s'il y avait un fil conducteur supérieur liant les situations dans un but d'élévation continue.

Expérience 4
Protagoniste : Cecilia

En sautant dans cet espace inconnu, je rencontrai à nouveau cet être spécial et sage qui m'a emmenée au-dessus d'un lieu situé, je crois, en Amérique. Je me trouve en altitude, suspendue et, de là, je vois un endroit avec des constructions étranges. C'est une grande place entourée de murs en pierre. De là où je suis, j'aperçois un grand lac d'un bleu profond.

Sur une place entourée d'un petit muret, j'observe des têtes sculptées dans différentes pierres, émergeant des murs.

« Ce que tu vois, dit mon guide, correspond à un site très spécial de la planète. Ici, des événements très importants se sont déroulés, mais le plus important de tous aura lieu prochainement car il s'agit d'un vortex d'ascension planétaire (!). Les visages que tu vois correspondent à toutes les races cosmiques habitant ce système de mondes. Un jour, tu sauras pourquoi ils ont été placés là ».

À ce moment-là, j'aperçois des milliers et des milliers d'êtres humains venant de toutes parts, non seulement de notre temps mais aussi d'autres époques, ainsi que d'endroits très différents de la Terre. Tous sont avalés par ce lieu. Ils ont l'air heureux, surtout lorsqu'ils passent par ce tube de lumière intense qui les absorbe et les transforme en êtres de lumière montant se perdre dans l'intense rayonnement du tube.

— Où se trouve cet endroit ? », demandai-je à mon instructeur.

— En Amérique, dans la Cordillère des Andes. C'est un endroit sacré.

— Faut-il y aller ?

— Ce n'est pas nécessaire. Tu es toujours là où se trouvent ta pensée et ton sentiment.

Ce témoignage aurait pu paraître un excellent travail de l'imagination si, quelques mois plus tard, par hasard, je n'avais pas recueilli personnellement l'information venant confirmer l'existence de cet endroit et ses caractéristiques étrangement identiques à celles décrites dans l'exercice. Ce fut à partir d'un voyage inattendu en Bolivie. J'ai inclus dans ce livre les photos correspondantes.

Il faut savoir que Cecilia est une personne plutôt équilibrée ayant fait des études supérieures. Elle est mère de trois filles, a une bonne situation et est issue d'une famille catholique, foi qu'elle professe profondément. Jamais elle ne s'était rendue à l'endroit en question, qui lui était totalement inconnu. À la suite de cette expérience, elle éprouve la certitude de son existence et souhaite vivement le visiter.

Ce récit expérientiel, correspondant à ceux du premier cours donné, a été déterminant dans la décision de compiler ces témoignages pour écrire le livre que vous avez aujourd'hui entre les mains. Il vous invite à réfléchir et à traverser le pont qui se présente à vous.

Sommes-nous déjà sur le seuil d'une régénération créatrice, nous rapprochant sans cesse de notre héritage, en nous reconnaissant comme les fils de Dieu, par ajustement de nos circuits sur le modèle électronique originel que nous avions oublié ?

« En vérité, en vérité, je vous le dis, celui qui croit en moi, fera les œuvres que je fais, et il en fera même de plus grandes que celles-ci »

(Jean 14,12)

Il est une autre expérience proche de celle-ci qui mérite aussi d'être mise en avant car, tout en s'ouvrant à d'autres dimensions, elle dévoile une rencontre plus intime, d'une grande transcendance, surtout lorsque la volonté humaine ne s'impose pas à la volonté divine.

MYSTÈRES COSMIQUES CACHÉS EN AMÉRIQUE

Tout comme Cecilia, la protagoniste des pages qui suivent a une solide formation puisqu'elle est avocate. Son foyer est exemplaire et les hautes fonctions assumées par son mari l'obligent à faire face à des situations sociales et à des engagements bien de ce monde. Elle ne professe aucune religion.

Sa première expérience a été exceptionnelle du fait des caractéristiques spéciales qu'elle a revêtues :

Expérience 5
Protagoniste : Angela

Je m'introduis dans un tunnel de lumière qui m'élève vertigineusement à l'intérieur de ce qui semble être un soleil, tout cela au milieu de sensations indescriptibles. Immédiatement, j'apparais transformée

en montagne, une gigantesque montagne de l'intérieur de laquelle émane une luminosité ignée. Je vois dans le voisinage un lac d'un bleu profond.

Expérience 6
Protagoniste : Cecilia

Je pars en direction d'un soleil, enveloppée dans une espèce de serpent à l'énergie lumineuse. Au-delà de ce soleil apparaît un endroit semblable au précédent (la place aux visages) mais, cette fois, comme au-dessous de sa superficie. Je rencontre une indigène grande et mince qui me raconte l'histoire d'une perle dont il faut prendre soin et que j'aperçois au milieu d'une conque gigantesque.

En même temps, je vois Angela transformée en montagne. Elle est en or ; et du lac voisin émergent des temples de cristal.

Expérience 7
Protagoniste : Angela

Je commence l'expérience avec force et me vois entrer dans le soleil. Je désire à nouveau ce soleil, mais ne le peux pas... Il semble que chaque fois que ma volonté ou mon désir humain veut quelque chose comme un caprice, ça ne fonctionne pas... Il fait très noir. Je me sers de rayons laser aux couleurs de l'arc-en-ciel pour fendre l'espace. Quelque chose de lumineux apparaît mais rien de plus.

— Je veux voir, je veux savoir ce qu'il y a là. Et j'entends la réponse suivante : « Je suis ce que je suis ».

De nouveau, la luminosité blanche apparaît. Elle devient rose sur les bords, pourpre, jaune, verte, puis bleue à l'extérieur.

Tout ce qu'on me dit est : « Je suis ce que je suis. Je suis ce que je suis ».

— Mais je veux voir davantage, dis-je avec insistance, incapable de saisir les mots que je sens extérieurs à ma personne.

— Je suis tout, répète-t-on.

— J'ai toujours envie d'entrer dans le cercle de lumière central, qui est blanc. J'insiste encore pour voir au-delà. Mon intention est d'expérimenter à nouveau la sensation ressentie lorsque je suis entrée dans le soleil. Je ne veux pas rester à l'extérieur. Finalement, je ne peux pas entrer.

Lors de mon voyage vers le soleil, la fois précédente, je ne m'attendais pas à ce qui allait se passer. Je crois que c'est arrivé à un moment où cela m'était égal de faire ou non cette expérience. Cette fois-ci, je sais pourquoi je n'ai pas réussi : j'insistais, imposant ma curiosité à l'expérience.

Pour Angela les expériences ont continué à se produire avec une grande intensité, l'amenant à réaliser des compositions plastiques d'une grande beauté et d'un grand rayonnement, susceptibles de devenir des œuvres visionnaires bienfaisantes. C'est un bon peintre, mais le plus important est le résultat de ses transformations internes profondes et apaisantes.

Expérience 8
Protagoniste : Angela

D'abord, je me trouve dans un endroit très beau, un lieu de grande paix, où il y a un être très lumineux que je ne parviens pas à distinguer. D'une certaine façon, cet être lumineux, sans me toucher la main, me conduit vers un tube qui est comme un entonnoir, avec une partie très large qui va en rétrécissant vers l'arrière. Sa couleur est d'un violet intense à l'intérieur. Il me laisse au bord du tube. Il me guide fortement, mais sans me toucher, jusqu'à ce que je m'introduise dans ce tube. À l'intérieur, je sens des ailes s'entrechoquer. Il en sort une colombe qui me fait sursauter à son contact. Cette expérience m'a presque ramenée à cette réalité. Toutefois, je repris l'exercice.

C'est curieux, l'endroit que j'observais était comme un ciel mais violet. La Terre commençait à émerger là où je me trouvais. J'étais attentive aux sons et aux voix et, à l'instant où la Terre commence à surgir, j'entends un bruit fort, comme une rupture. Curieusement, il ne cadre pas avec la douceur de la scène sur cette planète et dans cette atmosphère violette. Je veux dire que le bruit était discordant par rapport à la sphère surgissant en harmonie. Après avoir émergés, les bruits disparaissent, se transformant en une musique très douce mais qui n'a rien d'instrumentale, du moins ce ne sont pas des instruments que nous connaissons sur Terre. Cette musique est très éthérée, d'une paix intense.

En tant qu'observatrice, je me sens incroyablement bien. Les sons me font pressentir quelque chose, comme

une explosion, d'où ma surprise devant la douceur avec laquelle la planète émerge.

Il n'y a aucune conjecture à faire sur cette expérience, ni sur l'accès à des sons indéchiffrables à l'oreille humaine ou sur les « rencontres sidérales » entre les participants. Ce qui a véritablement de l'importance a lieu dans l'invisible, sans être perçu par les protagonistes, et obéit aux ordres créatifs d'accès qui ont permis d'entrer dans des expériences supérieures à l'origine de ce qui est connu sous le nom de « changements quantiques ». Cela ne dépend pas de notre capacité à voir ou sentir les interactions. Certains participants n'ont jamais rien vu ni rien ressenti. Cependant, leurs changements, leurs stimulations et leurs guérisons ont été remarquables.

L'intention de commencer par la présentation de ces exemples ou témoignages correspond à l'intention de situer l'expérience dans son contexte chronologique, en faisant ressortir ce qui est important avant de vous intégrer – vous lecteur – directement à ces aventures.

Dans ce même contexte s'insèrent les cas ci-dessous, chacun avec sa propre force de transcendance, éveillant à l' « invisible » qui perce déjà les voiles pour devenir visible dans une réalité qui, peut-être, dépassera largement toute expectative imaginée par l'esprit humain.

Cette expérience, vécue par une artiste peintre, mérite aussi d'être mentionnée pour l'impact profond qu'elle a eu dans sa création plastique par la suite. Dans sa problématique existentielle, la déshumanisation de l'homme était fondamentale, l'amenant à l'exprimer dans ses œuvres avec véhémence, par des couleurs violentes, en une thématique « coup de poing ».

Expérience 9
Protagoniste : Alejandra
Exercice : Entraînement sensoriel

Au début, j'ai eu peur et je suis repartie sans être entrée dans la planète de feu. J'ai fait une nouvelle tentative, imbue d'un sentiment de victoire. C'est en me plongeant en elle que j'ai pu aller au-delà du feu, vers la glace, ce qui provoqua en moi un émerveillement extraordinaire. Poussée par le désir d'aller plus loin, je découvris un espace où tournent trois « plateaux » ou « plateformes » d'un or lumineux et sur lesquels se trouvent des êtres de différentes densités et couleurs.

Sur le premier plateau, situé près de la glace, se trouvaient des êtres d' « eau » d'une transparente tonalité violette et bleuâtre. Ils m'expliquèrent qu'ils étaient des êtres de l'élément eau, que cette eau était l'harmonie entre le gel et le feu et que leur tâche consistait à purifier ceux de la deuxième plateforme. Ceux-ci, à leur tour, du fait de leur propre radiance violette plus intense, aidaient peu à peu ceux de la troisième plateforme, plongés dans une certaine ombre et dont la couleur sombre devenait peu à peu violette au contact de l'eau. Ceux de la troisième plateforme étaient l'objectif principal de la première.

À travers ce vécu, Alejandra comprit quel était l'ordre naturel permettant la guérison de la déshumanisation, ainsi qu'elle l'expliqua par la suite. À partir de là, ses peintures irradièrent une force différente, pleine de couleur et de mouvement. La nouvelle exposition qu'elle fit quelque temps après lui valut des commentaires élogieux sur ses tableaux et leur thématique et, surtout, sur l'atmosphère positive qu'ils dégageaient.

Ainsi, les exemples s'ajoutent-ils les uns aux autres témoignant du succès de la méthode appliquée. Le propos du livre est de les examiner, seulement dans la mesure où cela vous conduit peu à peu, vous – lecteur – vers le but proposé : votre incorporation au pont de connexion.

Au terme des deux premiers cours, l'évidence de la multiplicité de leur application ordonnatrice et curative était catégorique, si bien qu'un troisième et un quatrième séminaire furent demandés, cette fois dans une autre ville.

À cette occasion, les participants étaient des groupes de personnes aux caractéristiques les plus diverses et variées : une femme chef d'entreprise, un haut fonctionnaire de la police, une femme possédant une maîtrise de langues, un indigène du désert d'Atacama au talent artistique reconnu, un médecin, des étudiants, des maîtresses de maison, des musiciens, etc.

Cette fois, je m'en tiendrai à vous montrer les cas apportant des variantes par rapport aux précédents, le plus révélateur étant celui de la professeure de langues.

RENCONTRE AVEC L'ANGE

Tatiana s'est jointe au groupe alors que celui-ci la devançait de plusieurs séances. Elle était timide, silencieuse et une grande cuirasse la protégeait, caractérisée par une certaine dureté des gestes, jointe à la crainte de ne rien obtenir, ni au niveau des dessins – d'après ellc, sa fille de huit ans peignait mieux qu'elle – ni au niveau des visualisations, qu'elle sentait impossibles à obtenir. Son propos était de parvenir à dessiner et de sortir un peu de la routine.

Peu à peu, elle avança et se relâcha grâce à la coopération des autres participants qui l'entouraient de leur sympathie. Tout à coup, au milieu de « dessins maladroits » – comme elle les qualifiait – de plus en plus élaborés et créatifs, elle eut ses premières visions de l' « autre espace », qui impressionnèrent profondément son être.

Au début de l'exercice correspondant à la phase six, « Rencontre avec l'Ange », son premier commentaire fut sceptique : « L'Ange va me tirer les oreilles. Je l'ai dessiné comme un gamin de quatre ans ».

J'ai pris l'habitude d'observer les participants pendant leurs visualisations, essayant de détecter en eux la réalité de leurs expériences. C'est ce que je fis aussi cette fois, spécialement avec Tatiana. Quelle ne fut pas ma surprise de voir, après un instant de quiétude, ses yeux commencer à verser des larmes, qui coulèrent presque jusqu'à la fin de l'expérience.

Un « il existe ! » à peine susurré fut son seul commentaire après avoir contemplé le vide un bon moment, sans pouvoir reprendre la réalité qui l'entourait à son retour.

Il est intéressant d'inclure son témoignage tel qu'il a été enregistré par la suite, un an après cette première expérience avec son Ange.

Expérience 10
Protagoniste : Tatiana

> **...La première chose qui me soit apparue a été une espèce de fumée se déplaçant et se diluant dans l'espace... Ensuite, je vis l'image d'un Christ, avec une cape, mais absolument transparent. Lorsqu'il apparut**

pour la seconde fois, je lui demandai comment il s'appelait. « Draco », me répondit-il. Comme je ne savais pas ce que c'était ni ce que cela signifiait, je consultai une encyclopédie. C'est là que j'appris qu'il s'agissait d'une constellation.

Par la suite, je continuai à travailler sur cette phase et lui demandai de se montrer. Je vis apparaître un fond, je dirais d'une couleur crème plutôt claire, plein de lueurs brillantes. Il me dit : « Voilà ce que je suis ». Je sus alors à quoi ressemblait Draco. Telle est l'image définitive que j'ai de lui.

Ma réaction à cette rencontre fut une joie immense mais qui n'a rien à voir avec la joie humaine habituelle. Ce fut une joie beaucoup plus intense et interne, difficile à décrire... extraordinaire !

Tatiana se connecta de telle sorte que son Ange commença à influer sur elle, sur ses activités.

Après avoir appris et compris qu'il s'agissait d'une constellation, quelque chose changea en moi. Pourtant, je ne sais pas grand-chose des constellations et je suis quelqu'un d'analytique qui a tendance à dresser des murs face à ce genre de manifestations. Cependant, ce ne fut pas tout. Quand on se rend compte que les réponses se situent au-delà du mental, force est de constater que ces réponses ne sont pas personnelles, propres, mais qu'elles proviennent d'au-delà de notre pensée. Elles ne sont pas humaines. Je le vois bien, sachant que mes réponses – en me regardant dans la glace – seraient très différentes et inférieures à celles-là. Je suis professeure et ce qui m'intéresse en premier est la recherche intérieure de l'équilibre. En effet, je considère mon travail important étant donné que je prépare des êtres humains. Au-delà de ce que je peux leur enseigner, je veux que leur formation en tant qu'individus soit bonne.

Si j'explique cela, c'est parce qu'à partir de ce contact avec Draco et grâce aux conseils et instructions qu'il m'a fournis l'an dernier, j'ai été très bien notée professionnellement, ce qui m'a surprise. En effet, j'avais peur car je n'avais pas terminé certaines tâches. Cependant, j'ai obtenu les meilleures notes. Quelque chose de semblable m'arriva avec le temps. J'étais toujours en retard. Maintenant, si je demande au temps de s'arrêter, il s'arrête. Je sais que ce n'est pas de mon fait. Comment le temps pourrait-il s'arrêter juste pour moi ? Ce n'est pas que j'aille plus vite en voiture. Je vais toujours à la même vitesse car je n'aime pas prendre de risques. Je ne vais pas m'exposer, étant mère de deux fillettes et responsable d'une famille. Cependant, j'arrive à l'heure précise !

Tout ce que j'entreprends avec l'aide ou le conseil de Draco se réalise à la perfection. À travers lui, je suis parvenue aux mondes de l'esprit et, aujourd'hui, je n'ai jamais été aussi proche de Dieu.

Autre anecdote. Je demandais toujours à Draco de me montrer son monde, que je souhaitais voir et connaître. La réponse était toujours non, qu'il me fallait attendre, que ce n'était pas le moment. Toutefois, j'insistai encore et toujours, jusqu'à ce que – un beau jour – l'autorisation me soit donnée grâce à mon entêtement.

Je commençai à visualiser un monde vert ; du moins c'est comme ça que je le percevais. Un vert très intense avec des rayons et mouvements de la même couleur. L'expérience fut si forte que je pris peur et fis marche arrière. Je me rendis compte que – en réalité – ce n'était pas le moment. Je n'étais pas encore prête pour une telle expérience. C'était tellement différent de notre perception humaine que j'étais incapable de continuer ! J'espère pouvoir le faire un jour.

VOYAGE SUR VÉNUS

L'expérience de Victoria offre des résultats dans la pratique moins ordonnés dans le temps que le cas de Tatiana, mais frappants au niveau du vécu. Après une traversée du seuil de la pinéale vers son « Amérique interne », elle parvient ni plus ni moins sur Vénus. Une « Vénus » existant dans une dimension supérieure de vie, au-delà de nos perceptions de l'espace. Laissons-la s'expliquer.

Expérience 11
Protagoniste : Victoria

Je me sentis grosse, grosse, très grande. Je ne sais pas si j'étais très lourde ou sans poids. J'avais l'air gonflée de façon extraordinaire. Je n'arrivais pas à voler malgré mes tentatives. Je me sentais faire partie de la mer et du ciel. Je demandai : « Qui suis-je ? Qu'est-ce que je fais là ? ». Et la réponse vint immédiatement : « Tu es tout ».

La fois suivante, je vis un tunnel avec une petite luminosité au fond. Je m'approchai. C'était un œil placé verticalement, d'un bleu ciel brillant. Je pénétrai en lui et dis : « Je suis le pouvoir de la vision ». Et, tout à coup, je me retrouvai sur un sol bleu ciel, comme une éponge, dans un espace ouvert, de couleur bleue.

— Qu'est-ce que c'est ?

— C'est une autre planète.

— Comment s'appelle-t-elle ?

— C'est la planète violette Vénus.

— Mais le sol est bleu ciel.

— Oui, parce que c'est un sol gazeux.

— Pourquoi suis-je là ? Que suis-je venue faire ?

— Simplement faire connaissance.

— Y a-t-il d'autres êtres ici ?

— Oui, beaucoup.

— Suis-je déjà venue ici ? Ai-je déjà vécu ici ?

— Oui.

— Est-ce que vous faites partie de ma famille ? (question correspondant à un sentiment très fort).

— Oui.

Après quoi, je me suis sentie envahie par une joie immense, bien que mêlée à un autre sentiment impossible à expliquer, semblable à la nostalgie. Sachant qu'il me fallait repartir, les larmes commencèrent à couler (physiquement). Je sentais beaucoup d'amour et tout n'était qu'un sentiment très agréable... indescriptible. Je leur dis : « Au revoir, à bientôt ». Durant toute l'expérience, je ne vis personne, tout en me sachant accompagnée.

À mon retour, au niveau de ma conscience externe, je me disais à moi-même : « Pourquoi n'ai-je pas posé de questions plus intéressantes ? ».

Je n'y suis pas retournée car je n'avais pas posé cette intention. C'est la grande frustration volontaire de notre condition humaine, celle que j'ai du mal à vaincre.

À la question de savoir en quoi cette expérience avait changé sa vie, elle répondit :

Il y a là un « savoir », un savoir aveuglant, une certitude. Subitement je me dis : « Mon Dieu, je dois être folle ! ». Cependant, aussitôt, je me reprends. Je ne suis pas folle. Cette certitude est ineffaçable... Je l'ai vécue et ça été merveilleux. Quand on m'a dit que j'avais vécu là, je n'en ai pas douté. Il n'y avait pas de place pour le doute. C'était ainsi. Comme une mémoire interne qui, jusqu'à présent, ne donne pas lieu au doute.

Si quelqu'un m'avait rapporté une expérience comme celle-là, j'aurais certainement pensé à une altération psychique mais la paix, le bonheur profond, l'amour ressenti là-bas est supérieur à toute expérience ici, sur ce plan terrestre, au niveau du même type de sentiments, y compris l'amour familial.

J'aime ma famille, je l'aime profondément, mais cela est différent de la dimension indescriptible d'AMOUR (en majuscule) ressenti lors de cette expérience. Si les hommes pouvaient exprimer un tel sentiment, la vie ici serait très différente. Très différente.

Victoria est une maîtresse de maison aimable, intelligente, vivant au milieu d'un groupe familial harmonieux. Son vécu a été fort, provoquant en elle des interrogations sur son aptitude à aimer, comme elle l'exprime dans cette réflexion :

Cette expérience a renforcé mon sens spirituel, ma condition et mon chemin d'ascension dans ce domaine. (Voir image 7 du carnet de photos)

LA PERLE D'AMÉRIQUE

TROIS VERSIONS POUR UNE MÊME TÂCHE ET UNE CURIOSITÉ PROPHÉTIQUE

Trois femmes, en trois lieux différents, qui ne se connaissent pas : une maîtresse de maison, ayant étudié la technologie alimentaire mais n'exerçant pas, une étudiante de l'université, et une autre étudiante, à la recherche d'une voie spirituelle. Elles vont vivre une expérience unique qui les réunira autour d'une aventure spéciale les conduisant à une mission singulière : le sauvetage d'une gigantesque perle lumineuse, depuis le fond de la mer, pour la faire resplendir sur l'humanité et la planète.

Expérience 12
Protagoniste : Altese

> **Lorsque je descendis au fond de la mer, près de la caverne pour voir ce qui l'éclairait, je découvris une énorme perle incandescente, qui était gardée par des êtres que je ne parvenais pas à percevoir. Je sus**

immédiatement que ma tâche consistait à transporter cette perle à la surface. Je me vis la prendre sans savoir si j'avais réussi ma mission que je savais très importante.

Plusieurs séances plus tard, au cours d'un autre exercice appartenant à la troisième phase :

Expérience 13
Protagoniste : Altese

J'arrive dans un endroit vierge, très vert, d'un vert très intense. Une grande radiation flotte dans l'air. Je m'enfonce dans cet espace. Au loin, je vois des êtres en train de pratiquer une danse rituelle d'une grande beauté. Ils ressemblent à des indigènes mais très évolués. Ils sont vêtus de tenues aux couleurs douces et flottantes. Sur un côté se dresse une gigantesque pyramide carrée, semblable à celles des mayas. Un long escalier conduit à un portail. Là, m'attend une femme très grande, très belle, avec un large sourire aux lèvres et une grande amabilité, caractéristique commune à tous ces habitants.

Je m'approche. Je remarque que je suis nue. Cependant, en arrivant à ses côtés, je m'aperçois que je porte un vêtement bleu saphir similaire à sa tunique. Dans un nouveau sourire et sans dire un mot, elle m'invite à la suivre. Nous pénétrons dans de vastes et longs couloirs éclairés indirectement (jamais je ne sus d'où venait la lumière). Je sens que nous descendons jusqu'à parvenir à un endroit central. Là, sur une sorte d'autel, je vois une espèce de « conque » lumineuse, vide, comme s'il manquait quelque chose en son intérieur.

D'un nouveau geste, elle m'indique qu'il nous faut continuer. Nous descendons encore un peu plus et, soudain, je me trouve face à des êtres bleus de forme étrange mais très beaux. À ce moment-là, je sens qu'elle m'informe télépathiquement qu'ils doivent me guider jusqu'à l'endroit où il me faudra réaliser quelque chose pour aider ce peuple qui a besoin de toute urgence de ma coopération.

Je décide de les suivre. C'est ainsi que j'arrive à l'océan. Là, dans un creux profond se trouve la perle que j'avais trouvée dans mon exercice précédent ! C'était incroyable ! Alors, je la prends et reviens jusqu'à l'autel pour déposer la perle dans la conque. À ce moment-là, tout se mit à briller d'une splendeur éblouissante. Je sus alors que la tâche était accomplie. Une grande liesse s'ensuivit, ponctuée de chants d'action de grâce. Je pris congé et rentrai, satisfaite du devoir accompli.

À plus de 1.500 kilomètres de distance, Marcela relate un an plus tard sa propre expérience :

Expérience 14
Protagoniste : Marcela

Je me trouvai à l'intérieur de la caverne. Là, il y avait une énorme perle incandescente, gardée par des êtres lumineux. Je pus voir aussi que cette perle n'était pas la seule. Il y en avait des centaines, plus petites, mais également lumineuses. Je sentis qu'il me fallait porter cette perle à la surface car, ce faisant, quelque chose allait changer sur Terre. Je me mis immédiatement au travail

pour réaliser cette tâche. C'est à grand peine que je parvins à transporter cette énorme perle en surface, où je la laissai briller. Cependant, au retour, je vis qu'il fallait faire la même chose avec toutes les autres perles qui se trouvaient dans la caverne. Je continuai le travail mais commençai à me fatiguer et à désespérer en pensant ne pas réussir à les transporter toutes. Il y en avait tant !

Finalement, j'en vins à bout ! Ce n'était plus difficile. Je m'emplis de joie en apprenant ma réussite. Je ressens encore cette joie. Elle était très grande et très intense. Pas comme la joie d'ici !

Pour Inge, l'expérience a été un défi constant qui a duré des jours sur le plan physique.

Expérience 15
Protagoniste : Inge

— Je transporte encore des perles. Je me demande pendant combien de temps encore.

Tel était le commentaire qu'elle faisait habituellement à son entourage durant son expérience. Néanmoins, pour elle cela avait constitué un temps fort exceptionnel et l'avait rapprochée de plus en plus d'une réalisation conjointe et spirituelle unissant deux univers : le physique et l'intérieur. Tout comme Marcela, c'était des centaines de perles qu'il lui fallait transporter.

Quelque temps plus tard, elle se rendit en vacances au Pérou et, tandis qu'elle montait au Machu Picchu, elle sentait qu'elle portait les perles pour les déposer à cet endroit. Ce sentiment était indépendant de sa pensée. Il va sans dire que ces trois personnes ne savaient rien des autres expériences.

Quels mystères se cachent derrière ces trois actions presque simultanées qui ont été réalisées sur des plans subtils, au-delà du voile de la création humaine, dans le domaine où des univers créatifs infinis exercent leur propre acte créateur, parfait et aimant ? La réalité, ici-bas, a fait grandir chacune des trois protagonistes. Elles avaient gagné en esprit et coopération, acquérant, en plus, une conscience accrue de l'expression de l'amour, comme elles-mêmes l'ont fait remarquer opportunément.

Plus tard, de nouvelles expériences ont eu lieu autour de cette perle lumineuse et autres missions similaires. Elles étaient également liées à la phase « Amérique ». Des temples semblables à ceux des mayas devaient à nouveau émerger pour être visités et accomplir la tâche suivante : retirer, faire émerger, ou transporter des sphères lumineuses pour qu'elles puissent étinceler dans un nouveau monde, toujours avec des qualités particulières et individuelles.

Il m'est impossible de clore ce chapitre, correspondant aux récits expérientiels des premiers cours, sans relater la singulière association que ces derniers cas ont eue avec un événement survenu il y a plus de 20 ans, dont j'ai eu connaissance au moment opportun.

L'événement en question a eu lieu à Valparaíso, alors qu'un groupe d'étudiants de l'École d'Architecture de l'Université Catholique de ce port effectuait une cérémonie d'offrande à l'océan consistant à jeter à la mer un objet personnel auquel on tient.

Un témoin observait la scène depuis le rivage. Par la suite, il devait remettre un message à deux de ces étudiants. Il s'agissait d'une femme en provenance d'Amérique Centrale qui avait fait le voyage spécialement jusqu'au Chili pour partager sa vision sur l'Amérique en relation avec l'Océan Pacifique. Lorsqu'elle eut connaissance de cette tradition universitaire, elle décida d'intervenir.

Le message disait ceci :

« Lorsque la perle de lumière qui habite les profondeurs de l'Océan Pacifique sera remontée à la surface et sera touchée par les rayons solaires, l'Amérique resplendira dans la Lumière et sera guide.
Cela doit avoir lieu au Chili ».

C'est ce que m'ont raconté – mi-incrédules, mi-étonnés – les dépositaires de cette originale prophétie, dont je n'avais aucun souvenir jusqu'au moment de compiler les deux premières expériences. Plus jamais je n'eus de nouvelles de cette étrange voyageuse, ni de ceux qui reçurent son message.

Quoi qu'il en soit, ce n'est pas tant les arguments ou les incroyables vécus liés à ces récits et expériences qui importent le plus, mais la façon dont ces événements constituent les codes révélateurs des changements quantiques, impossibles à comprendre et à évaluer au niveau de notre intellect limité. Les images oniriques révèlent la sagesse de l'être-énergie qui, une fois retrouvé dans son lien supérieur créatif, est capable de créer librement, modifiant, stimulant, élevant et libérant des résultats dans l'invisible et l'incompréhensible, ainsi que sur le plan physique, sans en informer la conscience externe du fait de l'inexistence de paramètres d'identification.

AVEC LE TEMPS
EXPÉRIENCES EN EXPANSION

Rafael, atteint du sida, se présenta à mes séminaires sur ses deux jambes alors qu'il était en phase terminale. Le premier miracle avait vu le jour grâce un médecin oncologue péruvien, dont la spécialité était d'appliquer les techniques de sagesse chamanique en même temps que le diagnostic et la médecine traditionnelle. Avant de commencer ses études, ce docteur avait été invité par l'antique fraternité inca à laquelle appartenaient ses parents, pour y être préparé dans la sagesse supérieure des ancêtres, alors qu'il était encore enfant.

Grâce à son traitement, ce jeune homme était sorti depuis peu de son fauteuil roulant et de l'état de prostration dans lequel il se trouvait à la suite d'un processus neurologique complexe. Lorsque je le vis arriver, je ne pus m'empêcher d'avoir un choc car il se déplaçait maladroitement et avec une extrême difficulté. Lorsqu'il s'adressait à moi pour me parler, sa voix était un son qui allongeait les mots jusqu'à les rendre presque incompréhensibles. À ce stade, je me demandai si sa guérison était envisageable. Émacié et avec de grandes cernes creusant son regard désolé, l'incapacité d'utiliser son bras droit complétait un tableau peu encourageant.

S'agissant d'une méthode de maîtrise de soi, jamais je n'ai douté de son efficacité mais de ceux qui la pratiquent. Dans le cas présent, mes doutes n'allaient pas vers lui (son effort prouvant son courage) mais avaient à voir avec son physique qui, tellement détérioré, pouvait ne pas l'accompagner dans son propos. Je pris la décision de lui proposer une séance individuelle hebdomadaire. C'est ainsi que commença l'une des étapes les plus importantes qu'il m'ait été donné d'expérimenter dans la pratique de cette technique d'activation du centre pinéal.

Au cours des deux premières séances, Rafael fit montre d'une grande ténacité, se livrant corps et âme aux exercices. L'immobilité de sa main droite l'obligeait à tracer les dessins de ses expériences de sa main gauche maladroite. Il était dur de supporter la vue de son violent effort pour surmonter les inconvénients et handicaps causés par sa terrible maladie.

Lors de notre troisième séance, je fus frappée de le voir arriver avec plus d'assurance – du moins, c'est ce qu'il dégageait – et de l'entendre dire avec émotion : « Regarde, prends ma main droite, elle est chaude et je peux la bouger ! ». Ce furent les premiers signes annonciateurs d'une possible amélioration. Mes séminaires m'obligeant à partir en voyage hors du Chili, je le laissai avec des exercices à faire pendant trois semaines. Au retour, je m'attendais à le voir arriver comme la dernière fois, avec plus d'assurance et enthousiasmé par ses progrès.

Quelle ne fut pas ma surprise de voir arriver un beau jeune homme, très séduisant, parlant avec aisance et maîtrisant pleinement son corps et ses facultés. Il n'avait rien à voir avec l'être que j'avais connu le jour de son arrivée. Les expériences qu'il avait vécues, la discipline qu'il s'était imposée pour suivre la méthode et l'interaction avec des formes de vie supérieure qui l'enseignèrent et le guidèrent dans sa guérison, jointes à son inébranlable foi, firent le miracle de la guérison définitive.

Au bout d'un an, j'eus de ses nouvelles. Il s'était rendu en Europe pour vivre avec son frère. Là-bas, il passa les examens de rigueur qui ne décelèrent aucune trace du sida. Il était impensable de dire que, dans ce même pays, on lui avait administré un traitement contre le sida suite à des examens qui révélèrent l'implantation de cette maladie, confirmée à son retour au Chili, alors que le jeune homme était venu rendre visite à sa famille. Actuellement, il est en bonne santé, définitivement guéri. Comme il l'avait annoncé à son arrivée : mon propos est de démontrer que le sida peut être vaincu et je vais y parvenir ! Ainsi fut fait. Son ordre créatif avait été lancé avec la force du sentiment le plus profond. Grâce à sa certitude de l'invisible, il avait ouvert une porte pour changer un résultat, également depuis l'invisible, par application de la méthode.

À CHACUN SON EXPÉRIENCE

L'expérience de María fut moins frappante que la guérison de Rafael, mais pas moins importante. Cette dernière s'est présentée aux séances en me disant qu'elle ne pourrait pas rester sans bouger sur son siège à cause d'une douleur congénitale à la jambe droite. À la deuxième séance, elle s'est approchée pour me dire qu'elle se sentait bizarre car, depuis la veille, la douleur avait disparu et elle ne savait pas ce que c'était de vivre sans elle. Avec le temps, elle s'y habitua et sa vie changea. Quels événements créatifs ont été modifiés depuis les champs de création supérieure ? Il est impossible de le savoir, l'important étant le changement quantique survenu chez cet être, laissant dans son sillage l'harmonie et une meilleure qualité de vie.

Cependant, nous savons qu'il est possible de retirer les plus grands bienfaits en retrouvant notre héritage par application des lois universelles, non édictées par l'homme, à travers la maîtrise de soi et la connexion à l'ordre supérieur. Tout commence à cadrer dans un arrangement parfait, depuis la personne qui, formant un kyste en ravalant douloureusement sa rage pour ne pas faire mentir sa réputation de bon caractère, forme ainsi des nodules cancéreux qui se dissolvent au moment où le changement quantique efface cet aspect créatif pour le remplacer par l'harmonie véritable, jusqu'à cette mère, dont les filles apprécient la façon dont elle est passée par le changement de la mort, sans douleur et dans la joie, à la suite d'un cancer prolongé. Mère et filles sont arrivées au cours alors que le cancer de la maman était déjà avancé et que celle-ci endurait de grandes souffrances. D'après son entourage, elle avait déjà pris sa décision de partir.

LA CAVERNE MAGIQUE

Parmi les expériences récentes se trouve un cas qui révèle le pouvoir créateur découlant de la connexion avec des processus supérieurs pour provoquer et donner lieu à des résultats bénéfiques dans le domaine de la santé. Le cas que nous relatons ici traite de l'aide apportée par un père à sa fille, à qui il sauve la vie.

Sabrina a commencé à ne pas se sentir bien au retour de vacances passées à la campagne. Elle présentait les typiques symptômes du rhume et ne s'en était pas inquiétée. Cependant, les malaises sont allés en s'intensifiant, à tel point qu'il fallut accourir à un centre médical. Le diagnostic fut catégorique et impitoyable : contagion par le virus « Hanta ». Il n'y avait pas de remède à ce fléau et l'angoisse gagna toute la famille.

Son père, qui avait pratiqué cette technique quelques années auparavant avec, entre autres, des résultats dérivant en guérison, décide de faire une tentative en employant la caverne en tant que puissance curative et fait l'exercice correspondant en rentrant chez lui un soir, tandis qu'à la clinique sa fille se débat entre la vie et la mort.

Après avoir rétabli les réseaux de connexion et avoir entrepris le voyage sensoriel, il donne l'ordre créatif d'entrer dans la caverne. Il se voit portant dans ses bras Sabrina. Une fois à l'intérieur, il rencontre des êtres, qu'il reconnaît comme étant des Maîtres et qui lui demandent de déposer sa fille sur une espèce de lit illuminé.

À sa grande surprise, il la voit disparaître en lumière en même temps que les Maîtres. Passé un moment, Ils réapparaissent avec Sabrina qui va déjà mieux, tout en l'invitant à repartir car maintenant tout ira bien. Tôt le lendemain, il se rend à la clinique pour voir sa fille. À la grande surprise des médecins, celle-ci se trouve être hors de danger depuis cette nuit où, sans explication, elle est sortie de son état extrêmement grave, et ce sans raison apparente.

« SI TU ME LAISSES PARTIR, NOUS GUÉRIRONS TOUS LES DEUX »

Il n'y a pas de formules ni de prédictions. Tout dépend de chacun, de ce modèle unique et irremplaçable que nous sommes dans notre être-énergie, notre exacte dimension de vie, de notre contact correct avec la sagesse créative supérieure ou divine. C'est la fin des frontières, des séparations, de ce filet fictif mais douloureux créé par notre pouvoir limité, nous fermant l'accès à la joie de l'immanence, au-delà du temps et de l'espace.

La sagesse chamanique des peuples aborigènes andins connaît la signification de la croix carrée avec une précision à toute épreuve. Elle appartient à leur cosmogonie mais ils la considèrent comme l'exacte représentation de l'être manifesté en tant qu'instant de l'infini qu'il est, représenté abstraitement sur le point central de la croix, non exprimé sur le plan physique. C'est une comparaison valable qui révèle l'existence d'une vérité essentielle sous-jacente à tout rite ou expérience mystique.

Le peu d'intimité qu'offrait le vaste espace de la salle de conférences de l'Université où je donnais le séminaire, il y a quelques années, rendait difficile le rapprochement entre élèves et professeur, aussi bien qu'entre les élèves eux-mêmes. De plus, comme le cours avait lieu une fois par semaine, pendant plusieurs mois, la brèche s'élargissait et empêchait une communication effective.

Compte tenu des circonstances, j'ai été d'autant plus frappée de voir deux expériences similaires, sans connexion d'information ou d'échange, entre deux protagonistes ayant pris place à des endroits opposés de la salle. À la fin de l'un des principaux exercices liés à cette technique, je vis venir des deux bouts de la salle deux femmes, qui convergèrent vers mon bureau pour me faire part avec émotion de leur vécu respectif.

La première à parler fut une femme d'une quarantaine d'années, qui me raconta avoir perdu son fils de 14 ans il y a environ dix mois et depuis lors, seul un traitement à base d'antidépresseurs la maintenait debout. Pour sa part, l'autre femme qui avait l'air d'avoir 70 ans, se précipita pour affirmer, non sans étonnement après ce qu'elle venait d'entendre, qu'elle avait perdu son époux depuis quelque temps et que, elle aussi, était sous traitement antidépresseur.

La première femme reprit son récit pour dire que, alors qu'elle se trouvait dans la partie cruciale de l'exercice, c'est-à-dire à l'intérieur de la caverne (le point d'infini), une lumière apparut, de laquelle émergea son fils comme un être lumineux, avec le même aspect qu'elle lui connaissait mais infiniment plus beau. Il semblait avoir entre 18 et 20 ans.

Avant qu'elle ne pût en dire davantage, l'autre dame l'interrompit avec beaucoup d'émotion et lui fit savoir que – elle aussi – avait revu son mari, dans des circonstances identiques, insistant sur le fait que son apparence était celle d'un jeune homme de 18 ans environ, radieux et très beau, tout en gardant la marque permettant de le reconnaître physiquement comme étant son époux.

Le plus remarquable dans tout cela, c'est que ces deux êtres étaient apparus dans une réalité qui, en aucun cas, n'avait pu être planifiée et l'imprévu de leur visite provoqua un choc émotionnel profond. Au cours de cette rencontre, les deux femmes furent également accueillies par leurs êtres chers qui, avec un grand amour et de sages paroles, leur montrèrent l'endroit auquel ils appartenaient maintenant et qui était réellement beau et extraordinairement lumineux. Ils leur firent comprendre qu'elles ne devaient pas souffrir car leur douleur les retenait sur cette réalité physique, les empêchant de vivre la plénitude qui les attendait et à laquelle elles parviendraient elles aussi le temps venu.

Ils leur remirent une information surprenante sur un point qu'elles ignoraient totalement car elles ne s'étaient jamais intéressées aux recherches menées autour de la mort et plus précisément autour des expériences de mort clinique. L'une et l'autre affirment être de ferventes catholiques et avoir vécu leur deuil conformément à leur expérience religieuse.

La semaine suivante, elles m'attendaient à l'entrée de la salle. Leurs expériences communes les avaient rapprochées et on sentait naître une étroite amitié. C'est avec enthousiasme qu'elles me firent savoir que, depuis ce jour, elles n'avaient plus jamais eu besoin de prendre d'antidépresseurs et que leurs médecins respectifs étaient stupéfaits de voir une telle amélioration. Jusqu'à la fin du séminaire, trois mois plus tard, leur attitude n'avait pas changé et la joie était revenue sur leurs visages. « Nous savons que nous avons été avec eux. C'est une réalité plus intense que celle-ci. C'est une expérience transcendantale qu'il faut vivre. Elle ne s'explique pas », m'ont-elles confié.

Chaque séminaire apporte toujours son lot de nouveautés extraordinaires. La variété d'expériences, ainsi que les objectifs créatifs auxquels font face les exercices d'activation, ont peu à peu ouvert l'éventail infini de résultats. Ceux-ci s'étendent depuis les changements de vie, la récupération de pouvoirs et de certitudes, l'amélioration de situations financières, jusqu'aux examens réussis avec mention très bien malgré un manque de préparation dû à des empêchements de dernière minute.

CHANGE TON DESSIN ET TA VIE CHANGERA

J'ai également pu vérifier comment les aspects créatifs de l'être améliorent les exercices eux-mêmes, les faisant coïncider avec ses besoins par initiative personnelle. Un participant qui décida de changer les règles du jeu de sa vie à travers le plan de route en est le parfait exemple. Voilà qui n'était pas prévu par la Méthode. Le succès de son expérimentation a été contagieux.

Ruth avait participé aux séances quelques mois auparavant. Un jour, elle se présenta par surprise à l'un de mes séminaires pour me faire savoir qu'elle souhaitait témoigner de la façon dont la pratique du plan de route avait changé les situations sur le plan physique aussi drastiquement que favorablement.

L'entreprise familiale dans laquelle elle travaillait dépendait d'un appareil industriel importé, si bien que les revenus financiers de la famille étaient conditionnés par le bon fonctionnement de l'appareil en question. Du jour au lendemain, la machine tomba en panne, obligeant Ruth et les siens à faire immédiatement appel au fabriquant. Ils lui demandèrent d'envoyer au Chili un technicien spécialisé, introuvable localement, en sachant que l'appareil était encore sous garantie.

La déception fut grande en apprenant qu'il n'y avait pas de dépanneur disponible avant deux mois, ce qui signifiait l'arrêt de l'usine et sa faillite. En proie à l'angoisse, on chercha des solutions humaines. De multiples efforts et inquiétudes envahirent le foyer de Ruth.

C'est alors qu'elle décide de faire une expérience avec le plan de route : changer la réalité en créant une bataille autour du problème, qu'elle voit comme un résultat créatif. Elle définit la difficulté, la place derrière les dragons et commence à la réduire jusqu'à estimer le moment venu de la jeter sous le pont. Ce travail lui prend deux jours. Elle le finit le jour où elle devait aller chercher un parent qui rentrait d'un voyage en Europe.

De retour à la maison, le voyageur lui raconte comment il a fait la rencontre d'un citoyen nord-américain qui était parti au Brésil et qui s'était assis à côté de lui alors que l'avion était loin d'être rempli, lui tenant compagnie agréablement. En arrivant à Santiago, il lui avait remis sa carte de visite avec un numéro de téléphone à Punta Arenas, ville où il se rendait pour une semaine en service commandé.

En jetant un coup d'œil sur la carte, Ruth et sa famille s'aperçoivent qu'il s'agissait d'un technicien spécialisé dans les machines comme celle qui venait de nous lâcher. Ils lui passèrent un coup de fil et celui-ci accepta de voir l'appareil en question. Une semaine plus tard, le problème était résolu. « Je sais qu'il ne s'agit pas d'un hasard. J'ai fait l'expérience de cet ordre merveilleux qui agit depuis l'invisible en changeant les résultats sur le plan physique. C'est la certitude d'un vécu plus réel que cette vie-même », dit-elle pour terminer. Ce témoignage avait servi d'exemple et d'autres résultats eurent lieu.

DE RETOUR A LA MAISON

Au cours de ces multiples expériences, certains commencent à créer des peintures rayonnantes, des peintres consacrés modifient leurs thématiques, et des profanes qui n'avaient jamais osé dessiner finissent par exposer. Des contes d'une grande profondeur et d'une grande beauté font leur apparition, des poésies fusent, ainsi que des chorégraphies magiques, des musiques bienfaisantes, etc. L'éventail s'élargit de plus en plus. Tout dépend de nos propres décisions créatives.

Toutefois, les expériences qui me semblent les plus importantes sont celles qui permettent le contact avec des formes de vie supérieure, que l'on reconnaît ou découvre pour la première fois en sachant que ce contact pourra se faire autant de fois que nécessaire avec les vieux amis de toujours, disposés à écouter, guider et enseigner en vue d'un meilleur apprentissage créatif plus rapide. Les plus grands changements de vie se produisent parmi ces cas-là, réalisant pour la plupart de véritables miracles.

La constante de toutes ces expériences est la maîtrise de soi. Il n'y a pas d'appuis ni de guides extérieurs à l'être, qui est seul face à son infini supérieur, de plus en plus proche, de plus en plus confiant, sans erreur, sans doutes, sans peur, s'ouvrant de plus en plus au pouvoir de l'AMOUR, de cet amour supérieur qui est aspiré depuis le lien énergétique et se répand depuis le soleil du centre cardiaque, faisant de l'être le fils prodigue entreprenant son retour définitif vers la maison du Père. C'est la dynamo chargée, élevée dans son voltage pour accomplir sa mission créatrice.

J'ai été invitée de nombreuses fois à démontrer scientifiquement les changements qui se produisaient au niveau cérébral, afin de renforcer l'appui technique, mais je n'ai jamais accepté. Pour moi, son succès se base sur ses résultats. Par ailleurs, cette méthode s'alimente elle-même, au-delà de la vérification de notre réalité fragmentée à un faible pourcentage d'informations, qui obligerait à enfermer les changements quantiques dans l'étroite réalité de ce que nous connaissons, en les limitant.

Il s'agit d'une méthode en provenance des champs créatifs supérieurs du 100 % de la capacité cérébrale, qui a toujours été à la portée de l'homme de différentes façons, adaptée au degré de préparation de l'être. Il convient de se mettre à la disposition de ces clés supérieures, sans les réduire à des interprétations et explications partielles, afin d'en recevoir ce qui est juste et nécessaire, de façon à ce que nos expériences de vie s'identifient au Plan Universel, harmonieusement. Ainsi, nous collaborons depuis notre propre expérience à l'ajustement de la planète, aux processus cosmiques, sans traumatisme ni souffrance, en récupérant notre héritage pour vivre comme dans les contes de fées, avec AMOUR, FÉLICITÉ ET POUR TOUJOURS dans la réalité supérieure qui nous revient. Il s'agit d'en finir avec l'éternelle nostalgie de l'homme en pèlerinage sur cette planète. Dieu ne s'explique pas. Dieu se vit et se sent. Dieu est expérience.

INTÉGRATION DU LECTEUR

CONNAISSANCE DES CLÉS

POURQUOI NE CONTACTONS-NOUS QUE PERFECTION ET HARMONIE ?

Le cercle énergétique qui se met en activité par application d'une Loi universelle – celle de l'usage des rayons cosmiques dans leur plus haute vibration, comme le sont les couleurs lumineuses de l'arc-en-ciel – place notre propre modèle vibratoire en connexion avec cette même fréquence, empêchant ainsi toute autre connexion ou interférence. Cela se produit en manifestant un ordre créatif dont l'intention est d'accepter cette syntonisation. Si ce modèle énergétique est activé en se branchant consciemment sur la Source Générique, le programme se déroule de façon satisfaisante (voir graphique n°2).

Le pouvoir de valorisation de l'énergie universelle que possède l'être humain peut être dévalorisant lorsque celui-ci fixe son attention sur ce qui est destructif ou discordant, même s'il pense que ce n'est que pour l'éliminer. Ce faisant, il entre dans un processus de syntonisation sur basse fréquence (celle de l'élément discordant) et tombe sous le principe de cause et effet, restant attrapé dans la roue énergétique qui le compose et limitant son pouvoir de réussite créative.

Notre modèle énergétique universel – y compris notre véhicule physique et nos corps subtils (éthérique, émotionnel et mental) – peut fonctionner sur la fréquence de notre choix : la fréquence humaine imparfaite ou l'énergie divine.

Dans le premier cas, il suffit de suivre les schémas traditionnels : à chaque cause son effet, à chaque maladie son remède. Dans le second cas, la porte ne s'ouvre qu'en ordonnant nos circuits et en les syntonisant correctement.

Notre pouvoir d'activation tient à quatre grandes conditions créatives préalables :

Sentiment
Qualification
Visualisation
Action

Là, nous nous arrêterons pour préciser certaines choses. Notre corps émotionnel est notre réserve de pouvoir. Lorsque nous émettons des sentiments forts, si ceux-ci sont discordants, ils se manifesteront sous forme de couleurs troubles, opaques, sombres (noir, rouge, gris, marron et vert ou bleu foncé, etc) indicatrices de basses fréquences, semblables aux tons émis par les objets d'une pièce plongée dans la pénombre. Si nos sentiments sont harmonieux, nous émettrons des énergies aux tonalités pastel, lumineuses (comme celles de l'arc-en-ciel ou des couleurs électroniques), révélatrices de hautes fréquences, rappelant les couleurs brillantes émises par ces mêmes éléments sous la lumière du soleil en plein midi.

La glande pinéale (ou centre pinéal) ne peut être stimulée définitivement, avec arrachement du sceau de la mémoire ancestrale, sans activation préalable de notre programme originel du réseau d'énergie harmonique. Un tel résultat est difficile à obtenir à partir de la volonté créative humaine car il requiert un travail de longue haleine et de la persévérance, comme nous le montrent les yogis d'Orient, ou du sacrifice et de la discipline dévotionnelle, comme dans le cas des saints d'Occident.

Toutefois, si nous acceptons de nous transformer en « Coupe » ou « Calice » pour recevoir le gouvernement harmonique du pouvoir créatif parfait du Père, de la Source Générique, à travers la sensation, la perception ou la vision, alors non seulement nous stimulons la pinéale, mais en plus nous activons un réseau d'événements « miraculeux » qui vient améliorer nos créations de vie. Cet effet va crescendo et est destiné à demeurer au moment où sa stimulation atteint une force vive suffisante pour le déclencher. Pourquoi ne pas essayer ?

Nous pouvons accéder aux ombres, puis à la lumière ou simplement laisser la lumière nous envahir de son pouvoir créatif instantané et sans ombre. C'est notre élection créative.

Cette précision faite, reprenons notre exposé.

Il nous faut désormais orienter consciemment notre sentiment vers quelque chose que nous souhaitons obtenir. Évidemment, nous souhaitons la perfection. Nous mettons donc en mouvement notre pouvoir de valorisation, qui est simultané et fait suite logiquement au sentiment émis. Dans ce cas, nous faisons bon usage de notre énergie. Si notre sentiment créatif était discordant, de basse fréquence, notre pouvoir de valorisation serait négatif, se traduisant par un mauvais usage de notre énergie. De ces deux conditions dépend toute manifestation.

Supposons que vous ayez choisi de manifester une qualité. Ce pourrait être la beauté, par exemple. Il faut donc la visualiser et cela se fait simultanément par rapport aux deux conditions créatives préalables déjà mentionnées. Cela vous surprend ? Rappelez-vous le chapitre « Apprendre à vivre avec art », dans lequel je mentionnais un exemple d'acte créatif simple et quotidien, où la simplicité de cette manifestation visuelle instantanée, et sans effort, est évidente.

Pour terminer, nous déchaînons la réalisation à travers l'action. Celle-ci peut s'effectuer à travers la parole ou le geste, lorsqu'il s'agit de lui donner forme sur le plan physique, ce pour quoi il faut parcourir l'espace-temps à travers l'effort, le déplacement, la relation entre nos facultés et les difficultés existant sur le plan densifié de la matière. L'autre alternative de réalisation est le silence créatif qui ordonne depuis l'être-énergie, à l'être-énergie, sans forcément passer par la manifestation physique, le résultat étant instantané car il n'entre pas dans les lois régissant ce système de monde. Au contraire, il se situe dans l'atemporalité de la manifestation créative supérieure qui est immanente.

À partir de là, nous avons une création en marche… à condition que votre sentiment imprimé ait l'intensité requise pour lui donner forme.

Lorsque cette création prétend se connecter à un centre énergétique supérieur, comme la Source Générique ou Archétype UN, elle doit être conduite à travers le sentiment de l'AMOUR. Celui-ci naît automatiquement de l'absorption de ce fluide provenant de l'énergie Père par un processus d'interaction.

Tandis que nous inspirons, nous absorbons ce fluide, qui est le pouvoir créatif le plus grand de l'univers, et nous emplissons notre centre cardiaque qui se répand comme un soleil, gorgé de cette haute fréquence qui nous inonde pour continuer son expansion illimitée, avec la même intensité, car elle n'est pas limitée à notre contrôle partiel. C'est la seule façon de créer en perfection et harmonie.

Quant à ce qui pourrait être une valorisation négative appuyée par une forte poussée émotionnelle, il convient de prévenir les éventuels déchaînements de cataclysmes vibratoires qui ont d'abord une incidence sur celui qui les émet, puis sur l'objectif si celui-ci a syntonisé ces fréquences à travers son propre champ émotionnel. Si le champ énergétique du récepteur est d'une vibration élevée et harmonique, il joue le rôle d'un miroir reflétant la création, qui est renvoyée à l'expéditeur avec la même intensité avec laquelle elle a été émise. Dans ce cas, l'émetteur supporte une double conséquence : celle développée en lui-même et celle qui lui arrive en retour. Triste façon d'apprendre à créer correctement.

Celui qui a correctement activé son circuit de connexion avec la Source, donne naissance à ce champ luminique de haute fréquence qui renvoie toute énergie dévalorisée à son champ d'origine. En même temps, il élève tout acte créatif constructif se situant dans son entourage.

En syntonisant nos circuits avec les modèles énergétiques des couleurs de l'arc-en-ciel, nous nous relions au réseau de perfection du Père, dont les modèles vibratoires ont les tonalités énergétiques mentionnées. D'autre part, il ne faut pas oublier que les énergies discordantes, comme nous l'avons vu, émettent des couleurs troubles et violentes pouvant facilement déboucher sur le noir, indicateur de blocages énergétiques, allant même jusqu'à l'absence de fréquence.

Telle est la clé fondamentale assurant le succès par la connexion à la source du pouvoir absolu, capable d'élever notre équipement au voltage approprié, dirigeant l'énergie en harmonie et perfection. Nous avons oublié cette Source générique depuis des éons de temps à cause de l'orgueil humain qui a cherché à créer son propre univers, détaché de sa source originelle. Pour vous en convaincre, regardez autour de vous : combien de monuments, combien d'hommages, combien de décorations dédiés à des personnages illustres, idoles de la musique, artistes, savants, etc., et tant d'admiration devant les réalisations de certains hommes… Et où se trouvent l'hommage et la reconnaissance à la Source qui l'a permis en déléguant Ses facultés pour donner forme à Sa création sur ce plan à chacun d'eux et à tout ?

Médite là-dessus :

L'heure est venue de traverser le pont…
avec les précautions qui s'imposent.

5

C'EST À VOUS DE JOUER !

Vous pourriez vous dire que l'acceptation du contenu des expériences rapportées est un acte de foi. Il l'est peut-être, à condition que votre compréhension de la foi soit celle qui est postulée dans ce livre :

La certitude de l'invisible, de l'énergie et de ses effets qui font bouger l'univers, qui vous font bouger, qui font tourner la Terre, ne se voient pas mais nous en sommes pourtant le résultat. Et nous pouvons les changer en activant correctement – depuis « l'invisible » – les lois de l'énergie qui produisent les changements moléculaires… *les miracles.*

À PARTIR DE MAINTENANT, CE LIVRE REPREND SON OBJECTIF INITIAL, QUI EST D'ÊTRE VISUALISÉ ET EXPERIMENTÉ. IL NE FAIT PAS APPEL À L'INTELLECT.

IL EST UNE INVITATION À SUIVRE PAS À PAS SES INSTRUCTIONS JUSQU'À DEVENIR UN MAILLON DIRECT ET AGISSANT ENTRE VOTRE MONDE CRÉATIF ET L'UNIVERS SUPÉRIEUR QUE SEUL L'OUBLI A SÉPARÉ DE VOUS.

SUR LE PONT : PLAN DE ROUTE

AVENTURE AU PAYS DES FÉES

DYNAMIQUE PRÉPARATOIRE

PHASE I

Maintenant, mon invitation est formelle. Essayons de nous introduire ensemble dans les préparatifs de notre premier voyage à la recherche de notre héritage originel.

Pour ce faire, il nous faut commencer par tracer un plan de route. Comme je l'ai esquissé au début, celui-ci consiste en une singulière aventure qui débouchera sur des résultats surprenants et qui vous permettra de découvrir la condition dans laquelle vous vous trouvez pour entreprendre cette marche. Elle vous montrera les chemins qui vous conviennent le mieux et la protection dont vous aurez besoin.

Je vais vous lire un conte de fées ou, plutôt, une légende russe. Tout comme les contes traditionnels, les légendes ont toujours un fond spécial, mythique, historique ou initiatique. Celle que j'ai choisie, est spécialement initiatique. Elle a deux interprétations, que je vous livrerai une fois l'aventure terminée.

Je vais vous demander de devenir le protagoniste de ce conte en vous plongeant en lui. Et c'est sérieux. Attention à ne pas jouer au spectateur de film ou lecteur de roman. Évidemment, il est facile de se débarrasser du rôle de protagoniste lorsque les choses tournent mal, n'est-ce pas ? On se dit souvent : « ce n'est qu'un film ou l'imagination de l'auteur ». Gardez toujours à l'esprit l'attitude des enfants dans leurs jeux. Ils ont une grande clé pour l'apprentissage avec succès garanti : ils sont toujours protagonistes des aventures de leurs héros.

EXERCICE 1

Avant toute chose, nous allons procéder aux exercices préalables de relaxation rapide.

Visualisez la Glande Pinéale, située au centre du cerveau, comme une sphère ou perle incandescente. À travers ses rayons lumineux, qui sortent au-dessus de votre tête, connectez-vous aux rayons arc-en-ciel dansants, verticaux, qui vous unissent à la Source Générique ou Archétype UN, par un ordre créatif conscient.

Maintenant, pour unir cette première action à la suivante, **donnez l'ordre ou sentez descendre de cette sphère incandescente jusqu'à votre centre cardiaque deux tonalités : le rose et le jaune**. Sentez à cet endroit un soleil en expansion, là où ces deux couleurs, en alternance, irradient infiniment, au rythme harmonique de votre respiration.

En inspirant, sentez l'absorption du fluide provenant de l'énergie Père, qui est le pouvoir créatif le plus grand de l'univers, appelé AMOUR. Sentez-le vous emplir à travers ce soleil en expansion et, en expirant, sentez son rayonnement en ondes concentriques, sans choix ni obstruction, embrassant la planète entière si vous le souhaitez.

Vous venez de déclencher deux processus d'interaction avec les processus créatifs supérieurs, par activation du modèle électronique base du programme originel de notre équipement : ***connexion*** **avec la Source Générique** et ***syntonie*** **avec l'énergie mère ou énergie de l'Amour**, où se recueille, s'assimile et s'étend le fluide de la création parfaite en provenance du Père.

Vous commencez à sentir ce que vous êtes en tant qu'**être-énergie** retrouvé dans son lien originel. N'est-ce pas merveilleux ?

Nous allons ajouter un nouvel ordre créatif aux précédents : **sentez les rayons arc-en-ciel traverser vos bras jusqu'à sortir**

par le bout de vos doigts en longs rayons de couleurs. Vous avez mis en marche le réseau de ***transfert*** créatif depuis les champs de création supérieure jusqu'à notre expression créative sur le plan physique.

Nous allons ***fermer*** ce circuit d'activation du réseau d'énergie harmonique en sentant une spirale violette électrique nous envelopper vertigineusement depuis les pieds jusqu'à se fondre au-dessus de notre tête avec les couleurs dansantes de l'arc-en-ciel. Cet ordre doit être répété – plus d'une fois si besoin est – pour maintenir l'unité vibratoire du modèle énergétique activé.

Vous êtes devenu un **être-énergie libre et harmonique**. La densité humaine a disparu et, par conséquent, les limitations. Comment vous sentez-vous ? Remarquez-vous la différence entre « avant » et « après » ?

Continuons notre travail. Il faut avancer sur le pont. Sans abandonner cet exercice et en maintenant la simultanéité de vos activations, **centrez-vous de nouveau sur le centre pinéal** en intensifiant davantage le pouvoir de sa lumière à travers le sentiment de sa brillance. De la sorte, vous la stimulez.

Sentez-vous tourner vertigineusement d'un côté en intensifiant la lumière de cet hémisphère cérébral pour, ensuite, vous sentir tourner de l'autre côté en intensifiant la lumière de l'hémisphère correspondant. Vous avez mis les deux hémisphères cérébraux en synchronisation de coopération harmonique.

Votre sphère scintillante va changer et se transformer en triangle lumineux. Vous avez connecté le réseau électronique **pinéal-pituitaire** et quelque chose de nouveau s'est mis en mouvement dans l'être que vous êtes. L'entrée triangulaire aux « espaces morphogénératifs » ou champs de création supérieure illimités s'est entrouverte Vous pourrez désormais vous y aventurer peu à peu. Ainsi, votre modèle cosmique sera activé jusqu'à atteindre les niveaux de récupération de ce patron.

Tout cela dépend de vous, c'est-à-dire de l'intensité et de la façon dont vous mènerez votre pratique, sachant que ses effets vont toujours croissants.

Si vous le souhaitez, vous pouvez faire une pause et en rester à cette expérience, qui vous a donné une idée de la sensation merveilleuse éprouvée par l'**être-énergie** en liberté et vous a fait goûter à une autre harmonie, un autre bien-être, plus parfait que celui expérimenté dans votre vie physique. Néanmoins, si vous êtes prêt à suivre, commençons l'aventure.

NOUS AVANÇONS SUR LE PONT

EXERCICE 2

Vous vous tenez devant ce triangle de lumière formant l'entrée, derrière lequel s'ouvre un espace infini. C'est l'espace où l'esprit-amour créateur du Père coule en permanence. C'est l'univers du non encore manifesté.

L'heure est venue de se lancer dans cet infini créateur qui vous attend, sans s'imposer. Avez-vous peur ? C'est naturel. Vous n'êtes pas le seul. Vous vous êtes trop habitué à votre état actuel. Une fois activé le réseau originel de connexion et syntonie, rien d'inférieur à la perfection créative supérieure ne peut vous affecter. Soyez-en sûr. La pratique vous confirmera cette vérité.

Prêt ? Allez-y. À partir de là, c'est votre propre expérience originale que vous commencez à vivre. Plongez-vous dans l'espace en tant qu'**être-énergie** et laissez-vous emporter. Ce que vous allez rencontrer sera l'inconnu : des formes, des mouvements, des couleurs et des énergies apparaîtront sur votre passage. Des situations aussi, qui pourront vous étonner par leur caractère extraordinaire : tout ce que vous imaginez sera effacé et remplacé par ce qui demeure dans ce milieu.

Il se peut qu'au début vous ne fassiez que flotter et sentir des sensations différentes mais ne désespérez pas. Le plus important dans cet exercice est de rester calme, sans avidité, sans s'attendre à voir quoi que ce soit, sans expectatives ni comparaisons. Il faut être ouvert et attentif, comme un enfant explorant cet univers. Avez-vous observé les enfants ? Ils ont besoin de s'intégrer rapidement à cette réalité créative et il leur faut appliquer toute leur sagesse intérieure pour s'adapter sans grands risques.

Ils sont comme une toile blanche, recevant dans un présent permanent tous les nouveaux enregistrements de leurs expériences. En cas de chute, l'enfant ne raisonne et n'analyse pas non plus ; il ne se demande pas sur quoi il a trébuché. Il ressent la douleur, se console et repart jusqu'au prochain faux pas. S'il se mettait à analyser sa chute, en étudiant la pierre contre laquelle il a buté, il en verrait tellement d'autres devant lui en tant que risques possibles, que ses craintes le feraient renoncer à la possibilité de marcher, à cause du danger encouru, si bien que son apprentissage s'arrêterait là. C'est l'expérience acquise de ses chutes qui stimulera son apprentissage, l'amenant à lever spontanément le pied à la vue d'un obstacle apparaissant sur son chemin.

Avez-vous observé un enfant « essayer de » monter sur un fauteuil ? Il n' « essaie » pas. Il monte simplement sur le fauteuil. Qu'il y parvienne ou pas dépendra de ce qu'il aura appris de ses expériences antérieures. C'est nous, les adultes, qui avons acquis le schéma de la difficulté, nous poussant à « essayer de… » ce qui implique la possibilité d'échec et, par conséquent, le sentiment de doute.

En résumé, ne comparez pas, n'analysez pas, vivez le présent, osez et agissez… Expérimentez en permanence et engagez-vous par le sentiment avec chaque événement survenant dans votre vie pour l'oublier l'instant d'après.

Il faut être ouvert et attentif. Vous souvenez-vous, étant enfant, de votre première expérience face à l'écran blanc d'un cinéma, tandis que vous attendiez le début du « film », sans comprendre comment cela fonctionnait ? Eh bien, votre attitude doit être similaire. Cela facilitera votre expérience.

« En vérité, je vous le dis : celui qui ne recevra pas le royaume de Dieu comme un enfant n'y entrera pas » (Luc 18,17).

La visualisation se produit dès que le sentiment accepte la réalisation du fait et, peu à peu, la vision interne s'étendra à la perception externe. Il ne faut pas spécialement s'en inquiéter. Ayez toujours à l'esprit que l'important est la force du sentiment au niveau de l'ordre créatif et que la visualisation doit être instantanée et sans effort.

Demeurez dans cet espace jusqu'à sentir ou apercevoir les premiers résultats. Ensuite, revenez à votre univers habituel et mettez-vous à reproduire sur le papier, avec des craies de couleurs ou des crayons gras, une image (la plus ressemblante possible) de ce que vous avez perçu. Cet exercice est indispensable pour donner forme dans cette réalité aux expériences énergétiques supérieures afin de clore en vous le circuit de relations croisées et d'influence. C'est également important pour ceux qui contempleront ces couleurs et ces formes car ils recevront les radiations et les fréquences en provenance de ces champs de création supérieure, qui sont bienfaisants.

Il n'est pas rare qu'il soit difficile de percer la barrière dimensionnelle puisqu'elle est fermée par des voiles ou des plans sombres. Si tel est le cas, utilisez les couleurs de l'arc-en-ciel

DISPERSION CRÉATIVE

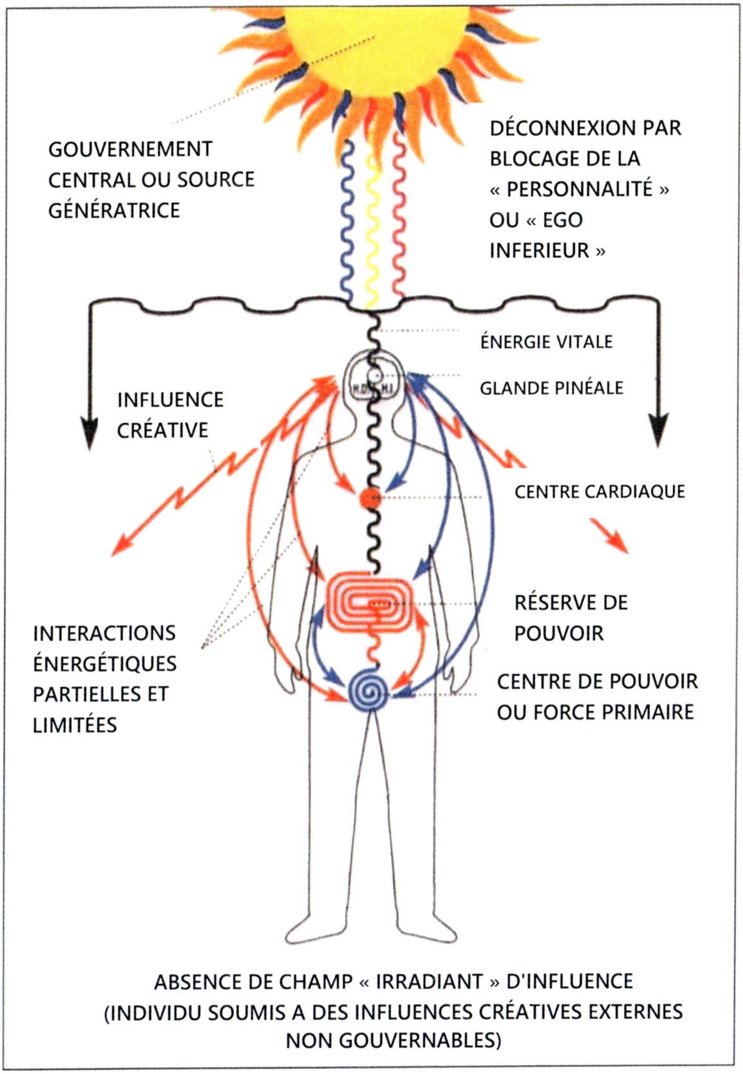

UNITÉ CRÉATIVE

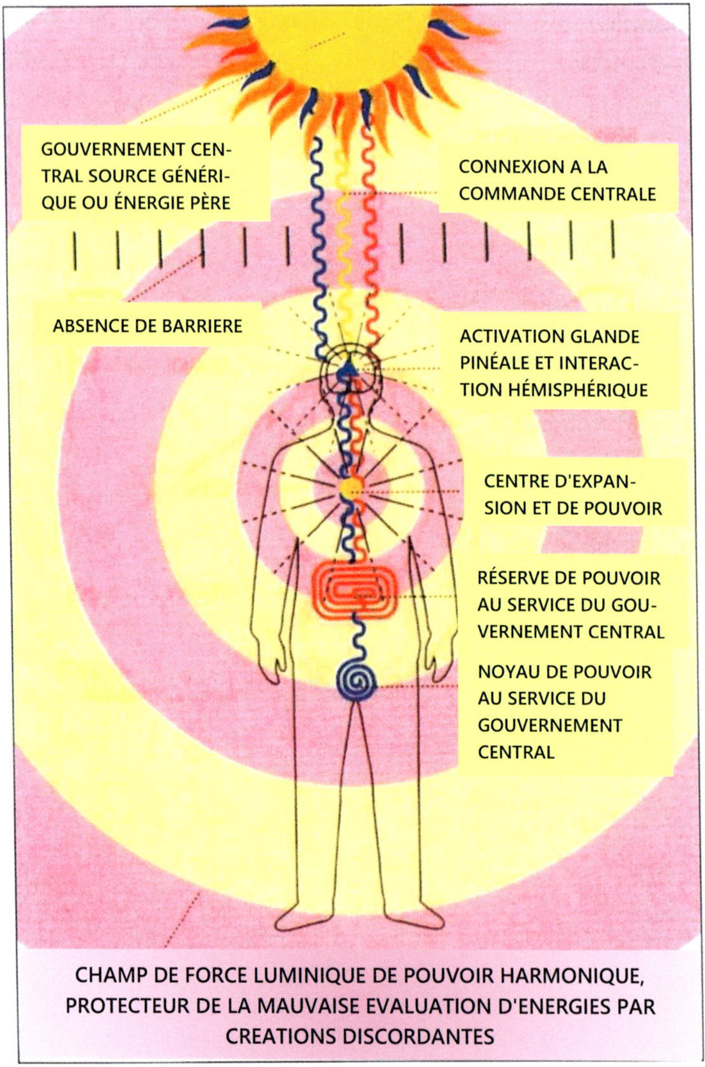

CHAMP DE FORCE LUMINIQUE DE POUVOIR HARMONIQUE, PROTECTEUR DE LA MAUVAISE EVALUATION D'ENERGIES PAR CREATIONS DISCORDANTES

TIWANAKU

Place située à un niveau inférieur, des murs de laquelle émergent des têtes sculptées de différentes formes – TIWANAKU – petit temple semi-souterrain

(À 20 km du lac Titicaca, Bolivie).

Vue rapprochée de l'un des murs.

Détails des têtes sculptées...
Remarquez les différences existant entre elles.

« Ma fille de 8 ans dessine mieux que moi », dit Tatiana en arrivant au cours. Trois mois plus tard, elle peignait son premier tableau, extrait de son vécu dans les espaces de création supérieure.

Sans la moindre aptitude pour le dessin, Victoria est surprenante.

FIGURE 3 A

PREMIÈRE ÉBAUCHE

(La plus forte impression)

Auteur : Bernardo, professeur

Sa plus forte impression a été l'effort du cheval affrontant le dragon pour aider Ivan à le vaincre.

(SON ATTITUDE POUR AFFRONTER SES BATAILLES EST D'UNE GRANDE LOYAUTÉ ENVERS L'ÊTRE ÉVEILLÉ QU'IL EST, LOYAUTÉ À TOUTE ÉPREUVE, MÊME SI LA BATAILLE EST AUSSI RUDE QU'ELLE APPARAÎT ICI).

FIGURE 3 B

SECONDE ÉBAUCHE

(avec liste d'éléments)

TABLEAU RAYONNANT

L'ÈRE NOUVELLE DANS L'ART ?

Tableau de Daniela *(voir livre p.216)*

comme de véritables rayons laser pour perforer ces obstacles par un ordre créatif spécifique, jusqu'à ce que la lumière se manifeste de l'autre côté.

Il est important de faire ces exercices le jour, sauf si vous les faites avant de vous coucher. Je vous recommande de les faire de temps en temps vers midi dans le but de vérifier l'intensité de la lumière émise par l'être-énergie comparativement à l'intensité maximale de la lumière solaire extérieure. Ouvrez alors lentement les yeux, vous serez surpris.

Certains expérimentateurs de ce qu'ils appellent la « pratique du troisième œil » – l'une des facultés les plus infinies de la pinéale – conseillent de stimuler ce centre dans le noir afin de mieux percevoir les couleurs. En effet, la glande sécrète son hormone – la mélatonine – durant le sommeil, ce qu'ils attribuent aussi au manque de lumière. Mais si vous n'êtes pas connectés aux réseaux originels de haut voltage, cette pratique peut provoquer des vécus phénoménaux sans utilité réelle durable, en plus de présenter un risque de contact avec des sphères inférieures de manifestation astrale, à l'origine d'expériences parfois désagréables.

Dans notre cas, les activations du centre pinéal qui ont un spectre infini, se déroulent uniquement sur de hautes fréquences et comprennent, entre autres, l'activation du « troisième œil », qui n'est que l'un des aspects de cette glande, aspect connu sous le nom de « Vision Totale Supérieure ».

Revenons à notre pratique. Vous venez de terminer votre première expérience. Comment cela s'est-il passé ? Si vous en avez la possibilité, partagez-la avec quelqu'un de confiance connaissant le sujet ou s'y intéressant. Vous pouvez aussi en rédiger un rapport, en plus de l'élaboration de vos dessins.

Maintenant, mettez-vous à l'aise et, sans avoir à refaire l'exercice de base, préparez-vous à pénétrer dans les terres magiques où doivent avoir lieu les aventures d'IVAN LE PAYSAN

ET LES TROIS DRAGONS, légende russe très spéciale. Souvenez-vous : vous êtes le protagoniste, avec possibilité de choisir un personnage ou d'être l'acteur principal. Vous pouvez même être les dragons, si vous le souhaitez. Qui sait ? Ils ne sont peut-être pas si méchants qu'il y paraît ! Bref, libre à vous de vivre ce rôle de protagoniste comme bon vous semblera.

Il y a fort, fort longtemps, sur des terres lointaines, vivait un couple âgé avec leurs trois enfants. Le plus jeune s'appelait Ivan. La famille ne connaissait pas la paresse, travaillant du lever au coucher du soleil, labourant et semant le blé.

Un jour, une mauvaise nouvelle se répandit à l'entour selon laquelle un dragon maudit se disposait à envahir ces terres pour exterminer tous les habitants et ravager toutes les villes et villages. Grande fut la peine qui envahit le couple âgé. Le fils aîné et le fils cadet se précipitèrent pour les consoler :

— Ne soyez pas tristes, chers parents, nous irons au-devant du dragon et bataillerons jusqu'à le tuer. Ivan restera auprès de vous pour vous aider. Il est trop jeune pour livrer bataille.

— Pas du tout, interrompit Ivan, je ne vais pas rester à la maison à attendre votre retour. Moi aussi je vais combattre le fameux dragon.

Les parents comprirent qu'il était inutile de l'en dissuader et donnèrent aux trois enfants leur bénédiction.

Les trois frères prirent de lourds pieux, jetèrent sur leurs épaules une besace pleine de pain et de sel, enfourchèrent de bons coursiers et se mirent en chemin.

Après des jours de chevauchée, ils rencontrèrent un vieil homme qui les salua aimablement, leur demandant où ils allaient. Les frères répliquèrent qu'ils allaient combattre le dragon car il fallait défendre leur terre natale.

— Noble cause que la vôtre, fit remarquer le vieil homme, mais pensez-vous combattre avec ces pieux ? Pour la bataille qui vous attend vous aurez besoin d'épées du plus bel acier.

— Et où les trouverons-nous, grand-père ? demandèrent les trois frères.

— Continuez tout droit, mes amis, et vous arriverez au pied d'une très haute montagne. Gravissez-la. Sur sa cime se trouve une grotte très profonde, dont l'entrée est fermée par une énorme pierre. Déplacez-la, entrez dans la grotte et vous y trouverez les épées dont vous avez besoin.

Les trois frères remercièrent le chemineau et suivirent ses instructions au pied de la lettre. Une fois les armes trouvées dans la grotte, ils choisirent trois bonnes épées et poursuivirent leur chemin, reconnaissants envers le vieillard qui leur avait donné un si bon conseil.

Après bien des jours de route, ils arrivèrent dans un hameau. À l'entour, on ne voyait pas âme qui vive. Tout était brûlé et détruit. Seule une petite isba[7] *était encore debout. Les frères y entrèrent et virent allongée, en haut du four*[8]*, une femme âgée qui se plaignait avec amertume. Elle était la seule survivante car le dragon avait dévasté l'endroit.*

Les frères lui expliquèrent qu'ils allaient du côté de la rivière Smorodina se battre avec le dragon sur le pont du Sauco.

— Noble cause que la vôtre, dit la vieille femme, et elle les invita à passer la nuit dans sa chaumière.

Le lendemain, ils se levèrent de bon matin et se remirent en route. Ils arrivèrent enfin au bord de la Smorodina, sur le pont du Sauco. Les deux berges étaient jonchées d'épées, d'arcs brisés et d'os humains.

Les frères trouvèrent une isba vide et s'y réfugièrent dans l'attente des événements.

— Nous sommes en pays étranger et il nous faut être attentifs et ouvrir l'œil pour que rien ne nous échappe, mes

7 Isba : chaumière ou cabane russe.

8 Dans les maisons de paysans, les lits sont placés au-dessus des fours pour les maintenir chauds durant l'hiver.

frères, conseilla Ivan. Montons la garde par roulement afin que le maudit dragon ne traverse pas le pont du Sauco.

La première nuit, ce fut le frère aîné qui monta la garde. Il parcourut la berge et observa la rivière. Tout était calme et il n'y avait pas le moindre signe à l'horizon. Il finit par se coucher au pied d'un saule et plongea dans un sommeil profond.

Ivan était couché dans l'isba sans pouvoir trouver le sommeil. Vers minuit, il prit l'épée forgée dans le plus bel acier et se mit en route vers la rivière. Il vit son frère dormir béatement et ne voulut pas le réveiller. Caché sous le pont, il resta debout, à l'affût, paré à toute éventualité.

Soudain, les eaux de la rivière s'agitèrent et les aigles firent entendre leur voix en haut des chênes. C'est alors qu'un dragon à six têtes se présenta à cheval pour franchir le pont du Sauco. Arrivé au milieu, le cheval du dragon trébucha, le corbeau juché sur son épaule frémit et le chien noir qui le suivait montra les dents. Le dragon à six têtes dit :

— Pourquoi ce faux pas, mon cheval ? Pourquoi ce frémissement, ami corbeau ? Pourquoi cette grimace, chien noir ? Sentiriez-vous la présence d'Ivan le paysan ? Il n'est pas encore né ! Et, s'il est né, il sera vaincu au court d'un féroce combat !

En entendant ces mots, Ivan sortit de sous le pont et dit au dragon maudit :

— Ne fanfaronne pas, monstre répugnant ! Si tu ignores la valeur d'un homme, ne rabaisse pas ses vertus. Viens, éprouvons nos forces et le vainqueur pourra alors se vanter.

Ils avancèrent l'un vers l'autre et leurs épées s'entrechoquèrent avec tant de force que la terre en trembla tout autour. Le dragon n'a pas eu de chance. D'un seul coup, Ivan lui coupa trois têtes.

— Attends, Ivan ! cria le monstre. Accorde-moi une trêve.

— Une trêve ? Il te reste encore trois têtes et moi je n'en ai qu'une.

De nouveau, ils avancèrent l'un vers l'autre heurtant leurs épées. Ivan trancha les trois têtes restantes du monstre puis coupa son corps en mille morceaux et les jeta à la rivière. Il cacha les six têtes sous le pont et retourna dans l'isba pour dormir un peu.

Le lendemain matin, le frère aîné se présenta. Ivan lui demanda s'il avait vu quelque chose de suspect et ce dernier répondit qu'il n'avait pas vu une seule mouche à l'horizon. Ivan garda le silence.

Cette nuit-là, ce fut au tour du frère cadet de monter la garde. Il fit quelques rondes sur la berge, regarda dans tous les sens et se rassura. Peu de temps après, il s'enfonça parmi les arbustes et s'endormit.

Ivan savait que son frère était incapable de rester sur ses gardes, si bien que, vers minuit, il se leva, prit son acier affilé et se dirigea vers la rivière. Une fois là, il se cacha sous le pont du Sauco pour observer les alentours.

Soudain, les eaux de la rivière s'agitèrent, les aigles firent entendre leur vois en haut des chênes et un dragon à neuf têtes se présenta à cheval sur le pont du Sauco. Arrivé au milieu, le cheval du dragon trébucha, le corbeau juché sur son épaule frémit et le chien noir qui le suivait montra les dents. Le monstre déchargea sa cravache sur les flancs du cheval, frappa le corbeau sur les plumes et le chien sur les oreilles. Le dragon à neuf têtes dit :

— Pourquoi ce faux pas, mon cheval ? Pourquoi ce frémissement, ami corbeau ? Pourquoi cette grimace, chien noir ? Sentiriez-vous la présence d'Ivan le paysan ? Il n'est pas encore né ! Et, s'il est né, il sera vaincu au cours d'un féroce combat !

Face à ces paroles, Ivan sortit de sous le pont et dit :

— Avant de te vanter, monstre maudit, mets à exécution tes menaces ! Nous verrons qui est le plus fort !

Ivan brandit son épée en acier pur et coupa six têtes au dragon. À son tour, le monstre frappa Ivan, l'enfonçant jusqu'aux genoux dans la terre humide. Ivan prit une poignée de sable qu'il jeta aux six yeux restants du dragon. Tandis que la bête se frottait les yeux, Ivan lui trancha les trois têtes restantes, le taillant en pièces. Il jeta ensuite les morceaux à la rivière et cacha les neuf têtes sous le pont. Son travail terminé, il s'en retourna à l'isba, se coucha et s'endormit rapidement, comme si de rien n'était.

Le lendemain matin, le frère cadet se présenta.

— Rien de suspect ? lui demanda Ivan.

— Non, pas même une mouche ou un moustique.

— S'il en est ainsi, mes chers frères, dit Ivan, suivez-moi et je vais vous montrer une mouche et un moustique.

Ivan conduisit ses frères au pont du Sauco et leur montra les têtes des monstres.

— Voilà les mouches et les moustiques qui volent ici la nuit. Pourquoi sommes-nous venus lutter, mes frères, si vous ne faites que dormir ?

— Le sommeil a été le plus fort, avouèrent les frères emplis de honte.

La troisième nuit, ce fut le tour d'Ivan de monter la garde.

— Je vais soutenir un terrible combat. Ne fermez pas l'œil de toute la nuit, tendez l'oreille et, dès que vous m'entendrez siffler, lâchez mon cheval et accourez sans tarder à mon secours.

Aussitôt, Ivan s'éloigna vers la rivière où il se mit à attendre, caché sous le pont du Sauco. Vers minuit, la terre humide trembla, les eaux de la rivière s'agitèrent, le vent hurla sauvagement et les aigles firent entendre leurs voix en haut des chênes.

C'est alors qu'apparut sur le pont, à cheval, un dragon à douze têtes qui sifflaient et crachaient des flammes par la bouche.

Le cheval du monstre avait douze ailes, son poil était en bronze et sa queue et ses crins étaient en fer. À peine était-il arrivé au milieu du pont que le cheval du dragon trébucha, le corbeau juché sur son épaule frémit et le chien noir qui le suivait montra les dents. Le monstre décharge sa cravache sur les flancs du cheval, frappa le corbeau sur les plumes et le chien sur les oreilles.

— Pourquoi ce faux pas, mon cheval ? dit le dragon. Pourquoi ce frémissement, ami corbeau ? Pourquoi cette grimace, chien noir ? Sentiriez-vous la présence d'Ivan le paysan ? Il n'est pas encore né ! Et, s'il est né, il sera vaincu au cours d'un féroce combat !

En entendant ces mots, Ivan sortit de sous le pont et dit :

— Ne sois pas si pressé de te vanter, monstre, tu pourrais t'en repentir.

— Ah ! C'est toi Ivan ! Que fais-tu ici ?

— Je suis venu faire ta connaissance, vil ennemi. Je suis venu mesurer ton courage.

— Mesurer mon courage ? Par rapport à moi, tu n'es qu'une pauvre fourmi.

— Je ne suis là pour te raconter des histoires ni pour écouter les tiennes. Je suis venu t'affronter à mort. Je suis venu libérer les braves gens de tes griffes.

Ivan brandit son acier tranchant et coupa trois têtes au monstre. Le dragon les ramassa, passa sur elles son doigt de feu, l'appliqua sur les cous et instantanément les têtes furent recollées, comme si elles n'avaient jamais été coupées.

Notre Ivan n'était pas à la fête. Le monstre l'assourdissait de ses sifflements, le brûlait de ses flammes exhalées par ses gueules. Il projetait sur lui une grêle d'étincelles et l'enfonçait jusqu'aux genoux dans la terre humide. Le monstre lui demanda d'un ton moqueur :

— N'as-tu pas envie d'une trêve, Ivan !

— Une trêve ? Jamais ! Je suis venu te combattre à mort.

Ivan émit un sifflement et lança son gant de combat droit sur l'isba où attendaient ses frères. Le gant brisa toutes les vitres de la masure mais les frères continuèrent à dormir comme si de rien n'était.

Rassemblant ses forces, de ses deux mains, Ivan porta un coup d'épée encore plus fort que les précédents et coupa six têtes au monstre. Le dragon les ramassa, passa sur elles son doigt de feu, l'appliqua sur les cous et, de nouveau, elles retrouvèrent leur place. Le dragon se jeta sur Ivan et l'enfonça jusqu'à la taille dans la terre humide.

Ivan s'aperçut de la mauvaise tournure que prenaient les choses. Il enleva son coup-de-poing gauche et l'envoya en l'air en direction de l'isba. Le gant gauche fit un trou dans la toiture mais les frères n'entendirent rien et continuèrent à dormir.

Pour la troisième fois, à l'aide de ses deux mains, Ivan frappa de son épée le dragon et lui trancha neuf têtes. Le monstre les ramassa, passa sur elles son doigt de feu, l'appliqua sur les cous et, de nouveau, celles-ci se recollèrent. Puis, il se jeta sur Ivan qu'il enfonça jusqu'aux épaules dans la terre humide.

Ivan enleva son casque et le lança sur l'isba. Sous le coup, la maisonnette faillit s'effondrer. Les frères se réveillèrent et entendirent le cheval d'Ivan hennir et lutter pour briser sa chaîne.

Ils se précipitèrent à l'écurie, relâchèrent l'animal qui détala au galop et coururent derrière lui. Le cheval arriva sur le pont et se mit à ruer, donnant de grands coups de sabots au dragon. Le monstre siffla de façon assourdissante et enveloppa le cheval dans un nuage d'étincelles.

Ivan en profita pour sortir de terre et, d'un coup d'épée bien porté à l'aide de ses deux mains, trancha le doigt de feu du dragon. Ensuite, il lui coupa les têtes, le décapitant complètement. Ivan mit en miettes le corps du monstre et jeta les morceaux à la rivière. Ses frères arrivèrent à toute vitesse.

— Bravo, les endormis ! leur reprocha Ivan. Votre sommeil a failli me coûter la tête.

Ses frères le transportèrent jusqu'à l'isba, le lavèrent, lui donnèrent à manger et à boire et le mirent au lit.

Ivan se leva très tôt, se disposant à s'habiller et à se chausser.

— Où vas-tu à cette heure matinale ? lui demandèrent ses frères. Tu devrais te reposer après un si terrible combat.

— Non. Je préfère aller à la rivière chercher ma ceinture. Je l'ai perdue là-bas hier.

— Ne sois pas idiot, lui conseillèrent ses frères. Allons en ville et achète-toi en une neuve.

— Je préfère celle que j'ai perdue, répondit Ivan.

Il se dirigea vers la rivière mais, au lieu de chercher la ceinture, passa sur l'autre rive en traversant le pont du Sauco et, sans se faire remarquer, s'approcha du palais des dragons, puis tendit l'oreille près d'une fenêtre. Ne serait-on pas en train de tramer là quelque mauvais coup contre lui et ses frères ? Il regarda à l'intérieur et aperçut les trois femmes des dragons en train de converser avec la mère des monstres, un serpent d'un certain âge. La femme du premier dragon dit :

— Ivan va me payer la mort de mon mari ! Je vais me mettre sur la route des trois frères lorsqu'ils retourneront chez eux, rendrai l'air brûlant et me transformerai moi-même en puits. Ils voudront boire et, à la première gorgée, ils tomberont morts.

— Excellente idée, dit le vieux serpent.

La femme du deuxième dragon dit alors :

— Moi aussi je vais me mettre sur la route des frères et me transformer en pommier. Ils voudront croquer agréablement les pommes et à la première bouchée éclateront en mille morceaux.

— Excellente idée, approuva le vieux serpent.

— Quant à moi, dit la femme du troisième dragon, je vais les induire au sommeil et me placer sur leur route, transformée en douillet tapis avec coussins de plumes. Les frères voudront s'y reposer et seront brûlés.

— Excellente idée, dit le vieux serpent. Si vous ne réussissez pas à les tuer, je me transformerai moi-même en un énorme porc, les rattraperai et les avalerai tous les trois.

Après avoir entendu tout cela, Ivan regagna l'isba.

— As-tu retrouvé ta ceinture ? lui demandèrent ses frères.

— Oui.

— Cela valait-il la peine de perdre du temps à la chercher ?

— Oui, mes frères, cela en valait la peine.

Les frères prirent enfin le chemin du retour au foyer. Ils chevauchaient parmi steppes et prairies. La chaleur était épouvantable, insupportable, et la soif les tenaillait. Soudain, les frères virent un puits sur lequel flottait une jarre en argent. Ils dirent à Ivan :

— Faisons une halte, petit frère. Buvons de cette eau fraîche et abreuvons nos chevaux.

— Voyons d'abord à quoi ressemble cette eau, dit Ivan. Il se peut qu'elle soit sale ou infectée.

Ivan mit pied à terre, empoigna à deux mains son épée et se mit à frapper le puits qui hurla et vociféra d'une voix épouvantable... Un épais brouillard se répandit sur la steppe, la température baissa et les frères ne furent plus torturés par la soif.

— Voyez-vous la sorte d'eau que contenait ce puits, mes chers frères ? dit Ivan.

Ils continuèrent leur route. Ils avaient parcouru un bon chemin lorsqu'ils virent un pommier chargé de gros fruits rouges. Les frères sautèrent de leurs montures, voulant cueillir quelques-unes de ces pommes, mais Ivan se précipita à coups de couteau sur le pommier, qui hurla d'une voix horrifiante...

— Avez-vous vu de quelle sorte de pommier il s'agit ? Ses fruits ne sont pas délicieux.

Ils enfourchèrent tous les trois leurs coursiers et reprirent leur route.

Les trois frères chevauchèrent jour après jour jusqu'à ressentir une grande fatigue. Tout à coup, au milieu de la campagne, ils virent un tapis douillet avec de confortables coussins en plumes.

— Allongeons-nous sur ce tapis, prenons un peu de repos, dirent les deux grands frères.

— Non, chers frères, ce tapis va vous sembler dur, leur répondit Ivan.

— Quel chefaillon celui-là ! Il ne faut pas faire ceci, il ne faut pas faire cela… !

Ivan se tut, détacha sa ceinture et la jeta sur le tapis. La ceinture s'enflamma et se transforma en cendres.

— Voilà ce qui vous serait arrivé, dit-il à ses frères.

Ensuite, il s'approcha du tapis et des coussins, les tailla en morceaux à coups d'épée, les jeta à tout vent et dit :

— Admettez que vous aviez tort de ronchonner. Le puits, le pommier et le tapis étaient les femmes des dragons qui voulaient nous tuer mais sans y parvenir : ce sont elles-mêmes qui ont perdu la vie.

Ils poursuivirent tous les trois leur chemin. Nul ne sait depuis combien de temps ils chevauchaient lorsque, soudain, le ciel se couvrit, le vent hurla et la terre trembla : derrière eux courait un énorme porc, la gueule ouverte jusqu'aux oreilles, prêt à avaler Ivan et ses frères. Les jeunes gens, qui n'étaient pas sots, sortirent chacun de sa besace une arrobe de sel, qu'ils jetèrent à la gueule du porc.

Le porc se réjouit, croyant tenir entre ses dents Ivan et ses frères. Il s'arrêta et se mit à mastiquer le sel. Cependant, il ne tarda pas à se rendre compte de la supercherie et se remit en chasse.

Le porc courait, les soies dressées, toutes dents dehors. Il allait rattraper les trois frères d'un instant à l'autre.

Voyant le danger arriver, Ivan ordonna à ses frères de prendre chacun une direction différente et de se lancer au galop. L'un prit par la droite, l'autre par la gauche, tandis qu'Ivan continua tout droit. Le porc s'arrêta indécis, se demandant lequel poursuivre en premier et, tandis qu'il hésitait – se tournant un coup à droite, un coup à gauche – Ivan en profita pour se jeter sur lui, le souleva dans les airs et le jeta à terre de toutes ses forces. Le porc se défit en poussière et le vent la dispersa.

Depuis lors, dragons et serpents disparurent pour toujours de ces terres lointaines et le peuple cessa de craindre pour sa vie.

Ivan et ses frères regagnèrent le foyer paternel et vécurent heureux, semant du blé et labourant la terre.

Tout est bien qui finit bien dans cette truculente histoire de dragons !

Votre première aventure dans le royaume des légendes vient de s'achever, mais le combat contre vos propres dragons est sur le point de commencer. Voyons de quelle manière :

Je vous ai annoncé que ce conte avait un autre argument, plus profond, initiatique, dirions-nous, ou plutôt inspiré des octaves de création supérieure au moment où l'écrivain syntonise ces sphères par le sentiment élevé de création idéale. C'est à travers cette autre version que vous allez commencer à savoir à quelle étape de vos batailles vous en êtes dans cette vie et sur quoi vous comptez pour gagner… Et, dans le cas contraire, comment vous y prendre pour vaincre.

Mais, d'abord, il vous faut réfléchir à l'épisode ou scène du conte, que vous venez de vivre en tant que protagoniste, qui vous a le plus frappé et pourquoi. Ensuite, tracez-en une brève esquisse. Ne prétendez pas faire une œuvre d'art. Il s'agit simplement de donner forme à la scène sur papier, en couleurs, et en quelques minutes.

Terminé?… Bien, maintenant un dernier dessin avant de commencer à vous dévoiler le sens profond de l'histoire. Il s'agit de faire une création, une scène très simple, où agissent et réagissent avec couleurs, localisation et forme, les éléments que vous y ferez apparaître, selon la liste que je vais vous dicter.

Pour ce faire, préparez une nouvelle page vierge. Dans un coin, en haut de votre feuille, écrivez la liste de ces éléments, sans leur attribuer de numéro :

- Dragon
- Épée
- Serpent
- Pont
- Les deux frères

- Un élément des femmes : puits ou pommier ou tapis (n'en choisir qu'un)
- La force d'Ivan
- Le porc (optionnel ; s'il vous a frappé ou répugné, il faut le prendre en compte ; s'il vous a laissé indifférent, ne pas le considérer).

Maintenant, vous allez revoir votre liste et numéroter ces éléments de un à huit, selon votre ordre de préférence personnel. Commencez votre composition par le numéro « un » qui, évidemment, sera le plus voyant sur votre feuille. Puis, continuez par le numéro « deux », en créant un tableau par ordre d'importance avec les éléments restants de façon à ce que le résultat ait un sens créatif, je veux dire par là qu'il n'ait pas l'air d'une suite de dessins sans lien les uns avec les autres. Compris ? Alors, au travail. Vous avez cinq minutes.

Le conte d'*Ivan le paysan et les trois dragon*s relate l'aventure que tout homme entreprend en arrivant sur cette terre.

« Départ de la maison paternelle. Les frères représentent votre côté humain, la dualité atomique, ce qui dépend de la matière, l'ego inférieur qui est toujours content de lui et surestime ses forces. Ivan est l'être éveillé que nous portons tous en nous, la petite voix intérieure à laquelle nous ne prêtons guère attention et que nous ne suivons pas toujours. C'est notre lien avec la perfection ».

« Les trois s'en vont combattre un terrible dragon, qui n'est autre que nos "fantômes personnels", nos propres créations de vie. Chaque aventure de vie implique trois grandes batailles avant de traverser le pont vous conduisant à prendre le chemin du retour à la maison. Ces combats deviennent de plus en plus difficiles à mesure qu'est mis en déroute le dragon précédent… "Plus tu reçois, plus il te sera demandé" ou "Plus tu deviens résistant, plus tu pourras aller loin" ».

« Les trois frères sont tous armés d'un pieux qui ne leur serviront à rien car ce sont des outils grossiers, "humains". Alors ils rencontrent un chemineau, un vieillard (apprendre de la sagesse de ceux qui nous précèdent) qui leur indique comment obtenir les armes de la victoire : "continuez tout droit et gravissez la montagne". Cela parle d'entraînement, de vaincre les premières difficultés pour obtenir la préparation nécessaire et la volonté de parvenir à son but ».

« Tout est enfin prêt pour la première bataille que devra livrer le frère aîné, c'est-à-dire l'être endormi qui, s'il devait agir seul, échouerait car il est incapable de rester sur ses gardes. Heureusement que l'être éveillé en nous reste aux aguets, ne parvenant pas à s'endormir. C'est lui qui livrera les deux premières batailles, tandis que l'être humain dort espérant, en réalité, que rien ne se passe ».

« Finalement, l'être éveillé doit avertir de la dernière bataille, la plus dure, qui doit être livrée par l'être complet. Autrement dit, l'humain doit se préparer à un combat définitif impliquant tout son être, dans son intégralité. Sans cela, il échouera ».

« Ce troisième dragon est le plus féroce car il détient le "doigt de feu", c'est-à-dire le pouvoir ou la clé de sortie vers la voie définitive. La victoire a été finalement obtenue grâce au dernier appel au secours lancé par Ivan… ».

Méditez sur les trois manières différentes utilisées pour les réveiller… (Le premier appel a à voir avec la main droite. Ce côté est dirigé par l'hémisphère gauche lié, entre autres facultés, à l'intellect, mais il ne casse que les carreaux… l'humain continuant à dormir. Le deuxième appel a à voir avec la main gauche, dirigée par l'hémisphère droit, lié à l'intuition, l'inspiration, etc. Dans ce cas, le toit est enfoncé. Les frères se réveillent lorsqu'Ivan lance son casque. En le retirant de sa tête, il montre que la victoire commence par la connexion à la source, en s'ouvrant à elle).

Le cheval est une pièce vitale de la collaboration en vue du triomphe. Il représente la loyauté et c'est grâce à son action que la victoire a lieu. (L'animal dompté – l'ego inférieur – exprime sa loyauté envers le maître, l'être éveillé, le supérieur en soi).

Lorsque les batailles contre les trois dragons sont enfin gagnées, on est en mesure de traverser définitivement le pont sans que les gardiens du seuil – c'est ainsi qu'on appelle les dragons – constituent une nouvelle menace. Toutefois, c'est à ce moment-là qu'il faut rester plus que jamais sur ses gardes… Lorsque le danger attendu est connu, ou lorsque celui-ci est passé, l'être endormi, l'humain en nous, baisse la garde et se fait surprendre.

Cependant, l'être éveillé, toujours sur le qui-vive, connaît les risques et se prépare à les affronter. En traversant le pont et en s'approchant du château des dragons, il entend la conversation des femmes et de la mère, ce vieux serpent… (Prêtez de nouveau attention à ce symbole). C'est à cet endroit qu'il prend connaissance du plan visant à les exterminer.

C'est justement lorsque l'on a entrepris définitivement le retour à la maison paternelle, après avoir remporté les grandes batailles, que se présentent les embûches les plus graves, celles qui ne dépendent que de celui qui est en chemin. Regardons de plus près :

La première a à voir avec les besoins humains essentiels tels que, extérieurement, le pain, le toit et le vêtement et, intérieurement, tout ce qui a trait à l'amour, l'affection, la tendresse et ses manques. Cela est représenté par le puits. Un homme sans aliment survit quelque temps, mais sans eau, deux jours seulement. Nous trouvons là le premier obstacle représentant l'être souffrant de ses carences et avançant difficilement vers son objectif à cause de son impossibilité à dépasser cet obstacle. C'est l'auto-compassion, la solitude parfois.

Plus loin apparaît le pommier. Il représente la difficulté d'avancer à cause des attachements sensoriels des personnes, des situations ou biens matériels, qui retardent l'être ou peuvent même le dévier de ses objectifs. Le manque de certitude de l'invisible (manque de foi) est toujours présent chez l'être humain à un degré plus ou moins grand. Ce peut être aussi l'attachement aux phénomènes, amenant l'être, au lieu de se consacrer à son progrès intérieur, à ne considérer que les phénomènes ou merveilles pouvant entourer ses études : apparitions, lumières, depuis les statues larmoyantes jusqu'aux objets extraterrestres, s'en aveuglant et ne recherchant constamment que leurs manifestations.

Cela peut signifier aussi un rejet abrupt de ces caractéristiques (lorsqu'apparaît sur la carte le serpent entourant le pommier), ce qui établit un lien par polarité extrême. Cette définition signifie que ce qui a été rejeté par jugement ou attitude condamnatoire maintient un lien énergétique de basse fréquence, agrippant comme l'hameçon. Il arrive qu'une forte expérience sensorielle à caractère négatif puisse déchaîner des sentiments de rejet si grands qu'on veuille l'ignorer. Toutefois, un tel désir suffit pour maintenir le lien par attention de fréquence.

La dernière difficulté à apparaître est le tapis et ses coussins. Cela arrive au point de grande fatigue, lorsque l'être humain se retourne pour apprécier le chemin parcouru. Alors, la tentation lui vient de se détendre en se disant : « La bataille a été rude, il est temps de goûter un peu au repos ». Et il s'allonge sur le tapis de la léthargie ou de la paresse. Lorsqu'on est sur le point d'arriver chez soi, c'est le moment que choisi l'embûche pour apparaître. On peut parfois se laisser piéger, harassé par la fatigue suite aux vicissitudes traversées. Le risque est de rester attrapé dans ce repos sans fin, à quelques pas du but.

Au cours de ces trois instances, l'être éveillé reste en permanence sur ses gardes. Et, cette fois, grâce à l'obéissance de l'humain qu'il a demandé, les dangers sont écartés. Les frères, s'unissent alors définitivement à Ivan.

Grâce à leur union, ils vont réussir à vaincre le dernier et le plus grand des dangers : le porc, qui représente la mort.

Les trois frères, comme un seul homme, sortent simultanément de leur besace une poignée de sel qu'ils jettent au porc lancé à leur poursuite. Ainsi, ils parviennent à le distraire. Le sel est un symbole alchimique. Dans ce cas, il représente la transformation de l'homme par union avec son essence intérieure, avec le divin. C'est alors que le « miracle » commence et que la mort est distraite.

Ce n'est pas tout. Cette fois, il leur faut obéir à la stratégie proposée par Ivan et chacun part dans une direction différente. L'être éveillé s'impose définitivement sur le plan physique et met en déroute le porc qui se décompose et qui devient l'ennemi le plus facile à vaincre. Que s'est-il passé ? Simplement, la mort n'existe pas. **« Le dernier ennemi à vaincre est la mort », dit Jésus, en nous remettant peut-être la clé la plus importante.** Victorieux, les trois frères rentrèrent chez eux.

C'est ainsi que ce second argument prend fin, vous remettant les bases qui vous permettront de déchiffrer votre plan de route, établi selon les dessins que vous avez devant vous.

Faites attention à la signification des éléments employés dans votre seconde esquisse. Prenez-la entre vos mains et observez leur position sur la feuille et la relation existant entre eux. Prenez en compte leur taille, la couleur utilisée, etc.

L'ÉPÉE : Outil permettant d'avancer ou faculté de se forger soi-même.

LE DRAGON : Fantômes personnels, créations mentales et de vie. Gardiens du seuil, résistances qui, une fois vaincues, permettent les grands progrès.

LA FORCE D'IVAN : L'être éveillé, son lien avec la perfection, avec le divin. La force intérieure.

LES DEUX FRÈRES : L'être endormi, l'humain dans le besoin, la dépendance de la matière, la dualité atomique.

LE SERPENT : Le doute, la méfiance, la crainte de tomber dans des pièges ou l'insécurité. Le serpent dessiné sous forme de cercle complet indique la possibilité d'accès à une connaissance supérieure.

LE PONT : La communication entre deux univers : entre soi et les autres ou entre l'être et son passé ou son avenir ; propos et réussites ; affrontement du chemin de vie par la communication.

ÉLÉMENTS :

– Puits : difficultés pour avancer à cause de carences essentielles (décrites dans le second argument).

– Pommier : difficultés pour avancer à cause d'attachements sensoriels. Manque de certitude de l'invisible. Lien par polarité extrême lorsque le serpent s'enroule sur le pommier.

– Tapis : difficultés dues à la fatigue, à la léthargie ou à la paresse.

LE PORC : Traumatisme dû à des pertes essentielles. Peur de perdre quelque chose ou quelqu'un. Peur de la mort dans certains cas. Sa présence indique la nécessité de prendre des décisions sans crainte.

La bataille se déroule généralement au centre de la page mais cela dépend de ce qui apparaît sur la gauche, de ce qui vous a énergétiquement influencé et qui provient de vos propres créations ou de celles d'autrui. C'est une indication sur ce que vous devez terminer ou bien la préparation avec laquelle vous arrivez à ce moment-là.

Vous êtes représenté par la force d'Ivan, les frères, l'épée et le pont. Lorsque tout est dans un ordre parfait (ce qui est rare), l'épée est brandie par la force d'Ivan, pointant vers l'avant ou vers le haut, les deux frères formant l'arrière-garde d'Ivan, tandis que le pont apparaît clairement tracé, soit horizontal (peu importe la forme), soit ascendant – la lecture est toujours en plan et non en perspective – sans tomber vers l'extrémité droite. Tous ces éléments doivent être en couleurs. S'il y a des éléments en noir, cela indique un bas niveau d'estime de soi créative (ne pas croire en son pouvoir de changer les résultats) lorsque ce sont les frères qui sont affectés. Si c'est la force qui a été peinte en noir, cela indique le non usage de ce pouvoir, du fait qu'on n'y croit pas. Généralement, cela est lié avec le manque de certitude quant au pouvoir de faire des « miracles ».

Si c'est l'épée qui est en noir, cela indique un blocage au niveau de l'usage des outils permettant de progresser, blocage généralement produit par de mauvaises expériences dans leur utilisation ou parce que ces outils ne sont pas appropriés ou, simplement, parce qu'on n'a pas ressenti leurs effets.

Si c'est le pont qui est noir, cela montre un blocage au niveau de la communication entre vous et vos objectifs ou vos semblables ou simplement vos situations. Cela indique aussi le fait de ne pas vouloir regarder devant soi.

Lorsque l'un de ces éléments – qui dans leur ensemble représentent le fait d'être « prêt à gagner » – se trouve sous le pont, cela indique que des événements antérieurs ont affecté ce que l'élément en question représente. Au contraire, si c'est le serpent, le puits, le pommier ou le tapis, selon ce que vous avez choisi, et le porc (s'il apparaît), qui se trouvent sous le pont, ce sont vos batailles créatives gagnées selon leurs significations.

Les éléments qui apparaissent à droite représentent ce qui pèse sur vos objectifs créatifs, des obstacles à vaincre, des appuis ou des voies libres. Pour sa part, le dragon ne montre que la bataille et, selon sa taille, vous dit comment vous voyez vos batailles de la vie : terribles et insurmontables ou seulement comme des résistances à vaincre pour avancer davantage.

Maintenant, voyez quels éléments des femmes vous avez choisi de représenter et tirez vos conclusions selon l'endroit où vous les avez placées et ce qui les entoure.

À titre d'exemple, j'ai inclus dans ce livre un plan de route déchiffré pour vous aider dans votre propre interprétation (fig. 3, A et B).

Vous avez devant vous la situation dans laquelle vous vous trouvez dans cette phase de votre vie. Quels sont vos combats, quels sont vos obstacles, vos forces et vos faiblesses. En plus de cela, vous pouvez voir les choses sur lesquelles vous vous leurrez ou, dans certains cas, des erreurs quant aux perceptions que vous avez de vous-même. Cela apparaît en vérifiant si l'ordre de préférence de votre liste initiale correspond aux lieux et tailles préférentielles qu'ont les éléments dans votre composition. S'il y a concordance, tout est bien. En revanche, s'il n'y a pas concordance, c'est qu'il y a des choses que vous ne savez pas sur vous-même et qui risquent de vous surprendre.

Désormais, après avoir interprété cette « carte » personnelle, regardez votre premier dessin… Que voyez-vous ? La scène qui apparaît doit être le moment où vous êtes en relation avec le panorama antérieur déjà déchiffré. Par exemple : si vous avez dessiné Ivan regardant par la fenêtre du château, cela veut dire que vous êtes sur vos gardes et que vous êtes conscient des chutes possibles. C'est une bonne attitude.

Si vous avez dessiné un dragon à neuf têtes, cela veut dire que vous avancez dans vos batailles et que malgré la difficulté, vous avez l'impression de vous y être mieux préparé. Vous avez progressé sur votre route créative. Et si vous avez été impressionné par la scène de la rencontre avec le vieux chemineau, vous écoutez la voix de la sagesse et lui obéissez.

Si vous avez été impressionné par la scène où Ivan luttait seul tandis que ses frères dormaient, cela indique que vous vous sentez seul dans vos luttes et vos sentiments sur ce point détermineront votre attitude pour affronter cette situation.

Si vous êtes frappé par le départ de la maison paternelle pour aller livrer bataille, c'est que vous avez conscience de votre passage sur cette terre pour avancer et aider. Si vous ressentez la tristesse du départ, votre attitude est celle de la « nostalgie divine », nostalgie de la perfection, et c'est ainsi que vous affrontez vos batailles. Attention à vos exigences par rapport à la vie ou par rapport à vous-même.

Les exemples peuvent être nombreux et aussi variés que l'est notre nature individuelle. Votre tâche est de déchiffrer la vôtre.

Tout est dit. Il ne reste plus qu'à guérir toute circonstance pouvant bloquer votre avancée vers votre but, vers le retour définitif. Et cela est facile à résoudre. Vous n'avez pas besoin de vous soumettre à des thérapies spéciales ou à des efforts titanesques.

Il vous suffira de redessiner exactement votre plan de route en suivant votre esquisse de départ mais en modifiant l'élément le moins bien disposé, celui qui gêne votre schéma de progression. Par exemple, si les frères sont séparés d'Ivan, il faut les placer derrière lui. Si la force d'Ivan ne détient pas l'épée émergeant de lui, il faudra l'incorporer. Toute application de noir sur ces images doit être remplacée par des couleurs. Si le serpent menace l'un d'eux, il faut le changer de place, le mettre sous le pont, de même que le puits, le pommier ou le tapis, selon le cas. Ces éléments peuvent rester en noir s'ils ont été ainsi peints.

En fait, tous les éléments qui vous représentent (force d'Ivan, frères et épée) doivent être sur le pont et incorporés comme il a été indiqué, tandis que – sous le pont – doivent se trouver les éléments qui nous perturbent ou nous retardent, y compris le dragon.

Les mouvements ou changements doivent se faire un par un, c'est-à-dire que vous devez faire plusieurs dessins identiques dans lesquels vous ne changerez que le symbole choisi. Vous pouvez faire trois, cinq, dix dessins, autant que nécessaire. Seule leur exécution donnera le nombre d'esquisse déterminant la création du plan de route parfait, où tous les éléments seront placés correctement.

Ici entre en jeu l'interaction énergétique créative qui, sans que vous ne vous en rendiez compte, modifiera votre modèle créatif inférieur en l'orientant vers son résultat correct. Reportez-vous à ce sujet au chapitre consacré à la magie de l'art rupestre. Ces changements peuvent aussi bien se faire en un jour que sur plusieurs semaines, l'important étant d'agir avec le sentiment de vouloir changer ce qui doit l'être. Il faut faire en sorte que les schémas humains ne bloquent pas les résultats et croire en l'immédiateté de la création supérieure.

Il y a quelques mois, j'ai reçu un appel téléphonique intéressant. Deux psychologues qui avaient assisté à mon séminaire quelque temps auparavant me demandaient s'il était possible de présenter ce « test », comme ils l'appellent, devant une commission afin de l'incorporer aux tests psychologiques de pointe, étant donné qu'il implique aussi bien un diagnostic sûr qu'une thérapie aux résultats prouvés et éprouvés. Cela se ferait à la suite de deux années d'application expérimentale du test par ces psychologues sur les élèves de psychologie de l'Université Vina del Mar.

Avec ce long chapitre, dont la longueur est voulue pour favoriser votre compréhension, nous achevons notre parcours sur le pont magique. Nous allons maintenant faire une pause car mon intention en vous amenant jusqu'à ce seuil a été de le situer visuellement, par le sentiment et la perception, comme expérience de base des différents sentiers conduisant au but final.

À partir de maintenant, je vais vous montrer les différentes phases à parcourir et vais vous dire comment elles se relient aux mondes externes au travers d'exemples qui vous permettront de mieux comprendre la portée de vos propres aventure sur le chemin du retour à la maison.

(Vous retrouverez les deux tableaux de l'histoire du dragon dans le livret de photos couleur central.)

DESCRIPTION :

- La force d'Ivan contient les outils permettant d'avancer et vise le dragon.
- Il bataille avec le dragon sur le pont.
- Les frères sont unis à sa force intérieure (l'humain obéit à son être intérieur).
- Le serpent entoure la tête du dragon.

- Au-dessus du dragon apparaît le pommier.
- Le porc pèse comme une menace sur la force.

DIAGNOSTIC OU LECTURE DU PLAN DE ROUTE (RÉFÉRENCE FIGURE 3 B) :

- Possède la force intérieure pour affronter sa bataille et les outils pour avancer. Il a tout pour triompher.
- Son combat principal est l'affrontement du traumatisme causé par des pertes transcendantales qui ont une incidence sur l'affaiblissement de la force (présence du porc).
- Le serpent (le doute, l'incertitude) est le résultat de la présence du porc et est la première bataille à remporter.
- La présence du pommier est un écueil empêchant d'atteindre la certitude de l'invisible, ce qui signifie une difficulté accrue dans cette lutte.
- Le pont indique une aspiration transcendante tronquée. L'influence d'expériences antérieures a donné naissance à cette aspiration que la difficulté de la bataille a étouffée.

SUGGESTION DE CHANGEMENTS SUCCESSIFS DANS LES DESSINS :

1er dessin = rapetisser le porc
3ème dessin = le placer sous le pont
3ème dessin = redresser le pont
4ème dessin = hisser l'ensemble (force-épée-frères) sur le pont et colorier ce qui est en noir
5ème dessin = lancer le serpent sous le pont
6ème dessin = rapetisser le pommier
7ème dessin = jeter le pommier sous le pont

6

EN APPROFONDISSANT, LE JEU DEVIENT SAGESSE

SENSATIONS EN VOL

DYNAMIQUE DE PROGRESSION

PRÉAMBULE

Même si vous avez du mal à y croire (vous en ferez bientôt l'expérience), notre univers physique est composé de myriades d'êtres-lumière chargés de collaborer aux résultats que nous sommes et de la nature entière : êtres de l'eau, de l'air, de la terre et du feu. Nous – qui en faisons partie et qui représentons le niveau le plus élevé – sommes aussi constitués de ces élémentaux éternellement agissants. Ces êtres sont au service d'un plan maître supérieur à tout. Toutefois, leur service inclue l'homme au sein de leur mission. Le monde chamanique les appelle les « êtres de la nature ». Nous les appellerons les « êtres des éléments ».

Ils sont énergie intelligente ou vie intelligente, comme tout ce qui existe, ce que la science reconnaît aujourd'hui en disant que le vide n'existe pas comme tel car tout est VIE.

Leur mission originelle était de nous rendre parfaits en tant qu'équipements émanés d'un modèle archétypal parfait, ce que l'esprit appelle « fils de Dieu », mais notre désobéissance ou séparation de la Source UN les a détruits, les transformant au point de les rendre souvent inconscients d'eux-mêmes et utilisés par certains à des fins égoïstes et de pouvoir. Telle est l'origine de l'imperfection allant de la maladie, la décrépitude ou dégénération cellulaire aux pires désastres, aussi bien géologiques qu'humains.

Beaucoup d'entre eux ont pris des formes monstrueuses. D'autres, les plus résistants, se sont réfugiés dans la rébellion. Seuls quelques-uns, grâce à l'homme éveillé, conservent leurs qualités agissantes au service de la mission pour laquelle ils existent.

Les contes pour enfants les décrivent sous le nom de fées, gnomes, sylphes, ondines, salamandres, etc., mais il y en a beaucoup plus. Leur nature vibratoire est très sensible. Ils réagissent quant à leur forme conformément aux modèles mentaux imprimés en eux par l'esprit humain.

Ceux qui composent notre véhicule physique n'ont pas de nom et leur aspect est également inconnu. De même que nous sommes une étincelle divine d'un Grand Soleil Central, recouverte par notre propre densité vibratoire à l'intérieur de nous, ces êtres forment un univers plus petit qui émane d'une même Source. Nous sommes une constante universelle et « ce qui est en haut est comme ce qui est en bas ».

Aussi bien en nous qu'en dehors de nous se trouve l'insondable, l'infini. La sagesse ancestrale aborigène andine montre la croix carrée en tant que symbole sacré de l'origine de la vie, indiquant que « nous sommes ici la manifestation d'un instant de l'infini que nous sommes ». Les bords de la croix représentent cet instant du point central invisible et géométrique qu'est l'être, sans avant ni après, simplement éternel et infini.

Dans ce kaléidoscope individuel et unique que nous sommes, il y a des galaxies et des systèmes d'univers dont la plus proche approximation visuelle vers l'extérieur se trouve dans les nuits sans lune, face à un ciel étoilé. Ces systèmes sont interconnectés, non seulement en chacun de nous mais avec tout le manifesté, apparemment externe ou interne.

Dans cette phase, des exercices dynamiques d'entraînement sensoriel amènent le participant à voyager et sentir les univers de création supérieure qui se trouvent en nous et dont l'influence mutuelle forme nos « réalités ». Cette fois, nous irons vers les réalités éternelles que nous sommes en pénétrant par des seuils qui chasseront de notre composition atomique les obstructions mentales et émotionnelles, les nœuds énergétiques nous limitant. C'est là un objectif complémentaire, le principal étant d'entraîner nos sens. Tout comme le sportif qui s'entraîne pour courir le cent mètres, vous devez vous entraîner au niveau des sens pour apprendre à pénétrer consciemment dans les champs créatifs supérieurs et pour agir et réagir en maîtrisant la situation en toutes circonstances.

Cependant, il existe d'autres objectifs plus importants et transcendants, qui ne seront pas dévoilés ici. Ils vous seront révélés personnellement au fur et à mesure de votre avancée. Vous comprendrez alors l'importance de cette pratique.

***

À ce stade, l'aventurier des « espaces morphogénératifs » effectue un voyage sensoriel rapide dans différents milieux partant du haut d'une montagne, de nuit et dans le froid, pour se retrouver, brusquement, dans la chaleur du désert en plein midi.

Ensuite, il traverse un bois dont il perçoit intensément l'arôme et l'humidité.

Une clairière apparaît, d'où il s'élève, survolant la forêt jusqu'à parvenir à l'océan, qui glisse vertigineusement sous ses yeux, tandis que son vol à grande vitesse le conduit vers l'inconnu : un pays qui n'existe pas sur la carte (ou sur Terre, ni même dans cette dimension), une île vers laquelle il descend pour l'éprouver à travers tous ses sens. De là, il entreprend un vol différent, vers le haut, au-delà de l'atmosphère terrestre, vers l'espace pour y flotter. Il accède à une planète de feu pour la sentir et l'expérimenter, puis il se retrouve sur une planète dense pour l'alléger en tant que créateur. Pour finir, il parvient sur une planète à la lumière incandescente.

Plus tard, en faisant rapidement le tour de la Terre, il plonge dans les profondeurs de l'océan… Et voilà qu'une lumière, en provenance de l'intérieur d'une caverne, l'invite à entrer pour voir d'où elle émane, pour échanger avec cette vie et s'atteler à une tâche qui ne manquera pas de surgir et qu'il faudra accomplir. Ensuite, ce sera le retour : d'abord l'émergence à la surface, le vol qu'on reprend pour descendre dans la forêt puis, de nouveau, le désert. Le soir tombe et il fait frais. Pour finir, vient la montagne. Le jour pointe, le soleil réchauffe… L'expérience est terminée.

Vous venez d'entrevoir un panorama du développement de cette deuxième phase, la plus importante après l'exercice de base. Son premier effet est de produire une dynamique énergétique de transfert d'espaces croisés créatifs, des expériences d'atemporalité, la liberté d'action, le nettoyage du champ émotionnel, etc.

Il n'est pas rare de revenir sur l'île, sur la planète de feu ou celle de lumière mais le plus important est le retour à la caverne, notre « trou de ver »[9], où commence l'aventure supérieure, consciente, la plus transcendantale et pratique dont l'être humain puisse rêver. Elle est notre essence, le point d'infini sur la croix échelonnée andine[10], notre maillon retrouvé en conscience.

J'insiste sur le fait que ces exercices correspondent à un entraînement des sens, dont les objectifs les plus profonds ne sont pas révélés dans ce livre mais le sont au cours de mes séminaires, du fait de l'intensité d'une telle connaissance expérientielle. Néanmoins, pour réaliser les exercices avec succès, il n'est pas indispensable d'être « savant ». Il suffit de pratiquer.

Avant de passer à l'explication de l'étape suivante, je vais vous relater quelques temps forts vécus par des « voyageurs » qui ont fait l'expérience d'autres dimensions d'existence en survolant le « pays » qui n'existe pas sur Terre.

Juan a été surpris par l'émergence soudaine d'un endroit constitué de cristaux multicolores se dressant comme de véritables édifices qui ne se cachent pas mutuellement mais qui s'entremêlent pour produire une brillance simultanée de leurs

---

9 Le trou de ver a été postulé par Einstein dans les années soixante. Son nom est dû à la trace laissée par le ver en traversant une pomme : une spirale plus large aux extrémités et plus étroite au centre. Par la suite, ce fait a été étudié et découvert par l'astronome Carl Sagan qui, avec un groupe de spécialistes en la matière, a déterminé que, dans l'espace, ces trous existent, permettant à une forme de vie de passer à une autre à travers eux sans subir de destruction. Cela serait dû au fait que, à l'intérieur du trou, il existe une condition luminique spéciale, provoquant les changements moléculaires nécessaires pour qu'une forme de vie F, par exemple, puisse accéder sans traumatismes à une forme de vie X, se transformant en elle en apparaissant dans cet autre espace ou dimension et, inversement, une vie X peut se transformer en vie F en pénétrant dans cet espace.

10 La croix échelonnée andine est une représentation sacrée de la cosmovision andine liée à la vie de la planète. Elle montre l'homme existant dans cette réalité en tant qu'instant de l'infini qu'il est.

propres couleurs iridescentes. À l'intérieur, il y avait de la vie mais pas conçue comme la nôtre.

Dans certains cas, la surprise s'est transformée en une profonde émotion lorsque le protagoniste est arrivé dans des endroits où des êtres transparents, parfois des êtres hauts en couleurs, ou des nains beaux et aimables, regardaient vers le haut, l'attendant presque avec vénération. Parfois, ils transmettaient télépathiquement, ou à travers de fortes sensations, un sentiment de bienvenue, d'amour et de bonté. Les atmosphères changeaient, depuis des apparences, des espaces mobiles en création permanente ou des lieux flamboyants d'un feu agréable et transformateur.

Une fois, quelqu'un a également vu un endroit étrange composé de deux niveaux d'existence, l'un étant le reflet de l'autre. Tandis que le niveau supérieur avait l'aspect du cristal et était de couleur bleue, celui du bas était fait de lumière. L'un et l'autre bougeaient à l'unisson mais sans s'interpénétrer. Il n'y avait pas de vie en eux ; ils étaient eux-mêmes la vie.

Marcelo est un enfant de onze ans qui a fait l'expérience. À son grand étonnement, il a vu un « pays » vertical. Quand on lui a demandé des détails, il a répondu qu'il ne pouvait pas le dessiner, ne sachant comment faire. Plus tard, il s'est exclamé : « Je sais. C'était de la vie verticale ! ». Cette expérience devait produire dans sa vie un changement quantique créatif unique puisqu'il était le seul à avoir cette perception de vie différente.

Durant cette phase, certains participants font l'expérience de la liberté « sans temps ni espace », en faisant le voyage dans un ordre différent de celui énoncé par leur guide ou en devançant ses indications, sans en connaître les séquences par avance.

À partir de maintenant, l'étudiant est en mesure de mener à bien le vécu suivant dans la plénitude requise puisqu'il s'agit de l'autre grand voyage de découverte : son Amérique intérieure. Cette fois, il lui faut dépasser les seuils luminiques d'accès pinéale-pituitaire pour s'aventurer dans des expériences où il recevra les influences et interactions créatives supérieures correspondantes qui, conduites par la sagesse divine, stimuleront ses facultés, harmoniseront ses réseaux énergétiques et lui permettront des vécus mettant au point son équipement.

Sortir par ce seuil c'est entrer dans les champs créatifs supérieurs, à travers le centre pinéal, pour en revenir avec le bagage énergétique et le vécu influant sur la mémoire cellulaire, ramenant peu à peu la mémoire génétique de l'origine, conformément au processus d'ajustement de l'équipement qu'est l'être humain.

Vous deviendrez le Christophe Colomb de votre propre Amérique. Non par rapport aux concepts historiques de cette aventure épique mais parce que vous émulerez les sentiments de Christophe Colomb, qui lui ont permis de réaliser avec succès une si formidable entreprise. Ces mêmes sentiments vont conduiront à votre propre victoire.

Quels étaient ces sentiments ?

- La **certitude de l'invisible** (une terre qu'il ne voyait pas mais qui existait).

- La **cassure de schémas imposés et admis** (« La terre est plate… si on s'aventure en mer, on tombe dans le vide », équivalant pour nous à « ceci est la réalité et nous ne la changerons pas », au lieu de savoir que cette « réalité » n'est qu'un résultat modifiable).

- **Persévérance, prévention et intrépidité**.

Abordons la troisième phase.

DÉCOUVERTE DE NOTRE PROPRE AMÉRIQUE

PHASE III

Suspendus sur le seuil triangulaire de la pinéale, les voyageurs attendent le signal pour lever l'ancre. Ils sont prêts. Ils ont préparé leurs vivres, un élément qu'ils ont choisi et qui leur servira de baguette magique. Ils pourront ainsi l'actionner autant de fois que nécessaire, débloquant ou ralentissant le pas, afin de conduire avec succès la traversée. Les voyageurs ont d'ores et déjà effectué l'exercice de base de connexion et d'activation du centre pinéal.

Trois voyages sont prévus, le premier correspondant à la découverte, le deuxième à l'exploration et le troisième à la construction.

Dans le but de mener à bon terme leur expédition, les aventuriers de l'esprit ont dû effacer tout concept concernant l'Amérique : géographique, planétaire, mode de vie, etc. L'Amérique est quelque chose à découvrir et dont on ignore tout. Elle n'existe qu'en tant qu'idéal auquel on accédera d'une manière également inconnue. La musique annonce qu'il est temps de se lancer dans l'espace pour commencer la traversée. Sans navires, sans temps ni espace, les « Colombs » inter-univers sont partis. J'en profite pour vous donner quelques indications qui vous seront utiles lorsque vous déciderez de continuer seul la traversée du pont.

Fumer avant n'importe quel exercice de ce programme brouillera le vécu possible dans des limites parfois extrêmes, amenant souvent à interrompre l'expérience. Il faut insister sur ce point car ce n'est pas le préjudice physique (bien connu de tous) qu'il met en évidence, mais le grand obstacle sur la voie conduisant aux « trésors du ciel » et, donc à la libération des limitations auto-créées à cause de l'action de la nicotine sur le cerveau.

Il convient de savoir aussi que la relaxation rapide proposée par ce programme doit se faire en position assise, la colonne vertébrale droite, sans forcer la position. Pour ce faire, la chaise doit avoir un dossier droit. L'exercice consiste à relâcher les muscles en une seule fois, comme si on se laissait attraper complètement par la gravité terrestre, mais il ne faut pas que le véhicule physique bloque l'état d'éveil du participant, qui doit conduire lui-même l'expérience. Il ne s'agit en aucun cas d'autohypnose car il faut être très conscient du déroulement des processus créatifs. Dans le cas de la relaxation Alpha, on court le risque de passer à d'autres niveaux allant de la perte de conduite du voyage jusqu'à l'oubli pour finir dans un sommeil réparateur.

Il est préférable de faire tous ces exercices dans un endroit tranquille, sans risques d'interruptions et le téléphone portable éteint.

Pour terminer, voici quelques réflexions sur la musique pouvant accompagner les exercices des différentes phases afin de faciliter les expériences. Pour l'exercice de base, il est conseillé d'écouter une mélodie apaisante, mais qui ne s'impose pas.

Ensuite, lors de la phase « Sensations en Vol », la musique doit être conductrice, c'est-à-dire que son énergie mélodique doit soutenir le vol et ses vécus.

Lors des phases « Rencontre avec la Force Angélique » et « Le Silence Intérieur », la musique doit être élévatrice, tandis que pour la phase : « L'Amérique Intérieure » l'accompagnement musical doit être propulseur.

Dans le choix des thèmes convenant à chaque phase, il est conseillé d'avoir recours à l'accès à travers la pinéale, comme enseigné dans la phase « La musique se voit, la couleur s'entend ».

Cette Méthode a sa propre musique qui a été inspirée de cette manière pour servir les propos créateurs de façon appropriée. Elle est l'œuvre du compositeur chilien Anthony Thompson.

FÉES, LICORNES ET ÉNIGMES À RÉSOUDRE…

La première traversée prend fin et les comptes rendus arrivent un par un, à mesure que les protagonistes rentrent. Mettez-vous à l'aise car quelques-uns des éléments vécus commencent à apparaître sur leur écran mental.

Lolix, femme d'affaires française très peu intéressée par le fantastique, revient impressionnée. Peu après son départ, alors qu'elle flottait dans un espace haut en couleurs, elle aperçoit quelque chose de similaire à la nature terrestre baignée par des eaux transparentes. En se posant à cet endroit, elle voit apparaître un être étrange, semblable à un lion humain au regard empli de bonté qui, sans dire un mot, l'invite à monter sur une barque pour la conduire en un lieu où s'élève une immense montagne en forme de cône. Une mystérieuse porte s'ouvre pour livrer passage à un endroit magique où l'attend une fillette d'environ 5 ans. Elle sait qu'elle doit la prendre et devenir responsable d'elle. Cependant, elle s'y refuse. L'être la ramène, la transporte à un autre endroit et lui remet un livre brillant. En l'ouvrant, les mots écrits sur les pages s'effacent immédiatement pour laisser place à des pages vierges qu'elle doit remplir elle-même. L'histoire continue avec une kyrielle de détails assez spectaculaires, s'achevant avec son retour sans avoir concrétisé aucune des actions demandées par l'ami lion. Ce qu'elle retient avec beaucoup d'émotion est la réponse qu'il lui a donnée au moment où elle lui demandait qui il était : « Nous sommes Maîtres de l'Univers », dit-il. Et, étendant la main, il lui montre un ensemble d'êtres égaux à lui, qui la contemplent au loin.

Marcela, biologiste, ne croyait plus aux « contes de fées » mais ce fut justement ce monde qu'elle découvrit comme étant son Amérique. Ce récit mérite d'être partagé avec vous.

Expérience 16
Protagoniste : Marcela

Je suis partie dans l'espace... Je flottais mais j'avais l'impression d'aller nulle part. Des anneaux de couleurs venaient vers moi... des plateformes brillantes, suspendues et vivantes, se laissaient voir au milieu. Soudain, je me sentis avalée par des spirales roses puis, après avoir été aspirée, je recommençai à flotter dans cet espace.

Je pensais que rien n'allait se passer lorsque, subitement, une licorne ailée apparut. Je sentis le bruit de ses ailes et la vis. Elle était juste derrière moi. J'ignore comment je montai sur elle, mais nous nous lançâmes dans un voyage vertigineux vers quelque chose de lumineux qui s'élevait au loin, dans une espèce d'horizon. C'était une montagne de cristal très haute, une stalagmite interminable. On pouvait en faire le tour rapidement et facilement, mais il était impossible de la gravir. Alors, ma licorne prit la direction de la plaine, qui s'étendait plate et infinie, à la recherche de quelque chose.

Nous arrivâmes au bord d'une sorte de lac d'un bleu impressionnant. Je n'avais jamais rien vu de telle dans cette réalité. Impossible de le traverser. À ce moment-là, je me souvins de ma fleur – élément qui faisait partie des vivres que j'avais choisis – et l'utilisai comme baguette magique, la lançant au milieu du lac sans penser à ce qui pourrait arriver. Elle se transforma en pont et nous pûmes avancer sur l'eau. On ne voyait pas l'autre rive... Nous devions être à la moitié du trajet lorsque le pont commença à disparaître et je sentais que nous nous enfoncions. Ma licorne ne déployait pas ses ailes et une certaine angoisse commençait à me gagner.

Quelle ne fut pas ma surprise de voir les eaux commencer à disparaître pour laisser place au spectacle le plus merveilleux qu'on puisse imaginer : une sorte de ville multicolore, cristalline, aux formes géométriques, dont certaines inconnues. Je n'ai pas pu toutes les retenir mais j'essaierai tant bien que mal de les reproduire. La ville était constituée d'une infinité d'étincelles lumineuses se déplaçant vertigineusement. En réalité, il s'agissait de fées ; du moins, c'est l'information que je reçus télépathiquement. Peu à peu, elles se transformèrent en êtres merveilleux. Elles m'avaient guidée jusqu'à cet endroit car elles avaient besoin de l'aide des êtres humains pour survivre.

Elles me racontèrent que leur monde devait demeurer caché sous cette espèce de lac à cause du danger qu'elles couraient et que je pourrais intervenir pour les sauver. Lorsque je leur demandais comme faire, elles me répondirent : « Commence par nous dessiner et raconte cette expérience avec le plus de détails possibles. Il faut que le monde croie à nouveau en nous et nous aime ». Ensuite, elles me racontèrent que ce cône

montagneux de cristal était de la lumière condensée et que des êtres puissants y avaient été enfermés pour avoir tenté de les réduire en esclavage afin de s'emparer de la Terre. Cela avait été l'œuvre d'un grand être qui les protégeait mais, comme il n'appartenait pas à notre monde, il ne pouvait pas intervenir auprès des humains.

Arrivée là, je ressentais une émotion indescriptible, comme jamais je n'en avais ressentie auparavant. D'ailleurs, dès l'expérience terminée, il me fallut sortir dans le jardin pour pleurer.

Après leur avoir promis que je ferai mon possible pour les aider, je montai sur la licorne et partis en volant facilement. Elle me ramena dans l'espace précédent et, de là, je pus revenir.

Marcela n'avait pas l'habitude de dessiner et pourtant, après cette expérience, elle se mit à réaliser des illustrations en couleurs d'une grande beauté.

Il me paraît important de préciser que tout ce que je viens de rapporter à propos des êtres de la nature était totalement inconnu des participants. Je me limite toujours à guider les expériences immédiates et leurs résultats. Ce n'est qu'en fin de travail que je dévoile quelques points lorsque je le juge nécessaire pour fortifier des intentions ou activer des actions bénéfiques.

MON DOUBLE EST-IL ROI OU SUIS-JE MOI-MÊME UN ÊTRE PARFAIT ?

Pour David, également chercheur dans le domaine scientifique, ce voyage a eu des caractéristiques semblables, marquées par l'intensité et la singularité de sa découverte. Du fait de ses conséquences personnelles, son expérience mérite aussi d'être connue.

Expérience 17
Protagoniste : David

Je suis arrivé presque immédiatement dans un endroit très spécial. Tout comme le paysage, ses habitants n'étaient que lumière et sans visages. Ils étaient immobiles. Seul un petit nombre s'affairait à leurs activités, qu'ils effectuaient très lentement. Lorsqu'ils me virent, je pus percevoir la joie qu'ils dégageaient dans l'atmosphère. C'était comme s'ils m'attendaient. En me posant là, je fus accueilli immédiatement et conduit devant une espèce d'autel ou pyramide, sur laquelle se trouvait un être semblable aux autres, à l'exception de sa lumière, qui était plus intense encore, et de sa taille, qui était nettement supérieure. Je supposai que c'était leur gouverneur ou leur roi. Lui aussi était sans visage, immobile, suspendu dans l'infini. J'éprouvai une grande vénération pour lui, de même que pour l'atmosphère ambiante... Je perçus ce que pouvait être l'amour universel. Les gens me conduisirent sur les marches de l'autel et, une fois en présence du vénérable, ils me laissèrent seul, se retirant avec grand respect. Au début, je ne savais que faire mais, par la suite, une impulsion incontrôlable me précipita dans ses bras. Et, ce faisant, je me fondis en lui, vivant la plus indescriptible des expériences. À partir de cet instant, nous étions Un et le plus extraordinaire c'est qu'il avait un visage. Même si je ne le voyais pas, je le savais. Je sentis alors comme un brouhaha insonore. Est-il possible de comprendre cela ? C'était les êtres de ce « royaume » qui fêtaient l'événement.

C'est difficile à dire mais, à partir de ce moment, tout un événement vint à moi, comme si je l'avais toujours su. Je découvris alors quelle était l'aide dont ce peuple avait besoin ou, plutôt, comment ils pouvaient nous aider en même temps.

Ce roi – ou moi-même – me faisait savoir que l'activité de cet endroit s'était arrêtée il y a longtemps car ils avaient perdu leur identité, y compris leur gouverneur. En nous fondant dans un sentiment d'unité indissoluble, dans le cas présent, je complétais mon être et son activité se traduisait par une plus grande perfection de moi-même. J'essaie de l'expliquer le plus clairement possible mais sans vraiment parvenir à transmettre la profondeur de cette vérité.

Pour construire ce nouvel univers ou, plutôt, pour le retrouver totalement, chaque être humain devait se rendre dans cet endroit et se fondre en amour et unité avec lui-même, obtenant de la sorte le visage qui était le sien (visages qui, soit dit en passant, étaient très beaux), jusqu'à ce que la situation redevienne normale. Je ne vois pas comment cela pourrait avoir lieu ni en quoi je

pourrais y collaborer mais, depuis lors, je sens que quelque chose a changé en moi. C'est comme si une grande force supérieure était venue m'habiter. Je me sens capable d'aimer davantage, je suis plus dynamique et conduit par quelque chose de plus parfait que moi, tout en étant moi-même ou une partie de lui.

D'autres épisodes intéressants ont été vécus par les aventuriers mais ces deux cas ont posé de grandes questions existentielles que vous avez sûrement remarquées. Il y eut quelques voyages houleux, comme le cas de ce « Colomb » qui s'est vu barrer la route par d'énormes serpents volants à qui il a dû jeter sa « baguette magique ». Puis, celle-ci s'est transformée en un grand dauphin et l'a tiré de ce mauvais pas. Cet aventurier a dû refaire l'expérience, qui s'est soldée par un succès. Fait curieux : quelques jours après cet exercice, certains problèmes qui l'entouraient depuis quelque temps se sont volatilisés comme s'ils n'avaient jamais existé.

Pour ne pas couper l'effet de ces récits ni leur séquence, afin de ne pas briser le pont sur lequel vous vous situez, j'ai mélangé dans certains de ces exemples les trois voyages qu'il fallait réaliser pour compléter cette phase.

J'ai surtout tenu à mettre en relief – pour couronner cette aventure « américaine » – deux grandes expériences qui, non seulement, reflètent leur transcendance mais qui, en plus, constitueront la base de « Récits Irradiants » ou contes ayant un impact énergétique.

La première – chronologiquement – a été vécue par Céleste, dont la profession est liée au domaine de la santé. La seconde a été vécue par Paola, qui est publiciste.

Comme vous n'avez pas manqué de le voir, la vue depuis le pont est devenue intéressante même si de plus en plus de questions surgissent au fur et à mesure, se déployant en un éventail interminable. Ne désespérez pas, vous verrez que tout commencera à se mettre en place lorsque vous vivrez vous-même ces aventures.

Voici donc ce premier « récit irradiant ». Recevez-le dans votre cœur car il vous y laissera un extraordinaire cadeau.

Il s'agit d'une rencontre dans un royaume bleu, ainsi qu'elle le décrit, où ces mêmes êtres lui font connaître son histoire à travers un gigantesque livre de lumière dorée. Le récit ci-après correspond à sa première lecture. Par la suite, elle y est retournée de nombreuses fois et a pu avoir accès à de nouvelles informations relatives à cet endroit merveilleux, auquel elle se sent très intégrée.

LE ROYAUME BLEU

Récit de Céleste

En un lieu à la fois très proche et très lointain existe un Royaume Bleu, protégé des iniquités et du mal. Ceux qui y demeurent sont des « êtres de lumière ». Ils vivent amoureusement, emplis de reconnaissance envers le Créateur et ils le lui font savoir en étant heureux et harmonieux.

Dans ce Royaume, il n'y a pas de gouverneurs. Chaque individu est roi. Ils ont en eux une étincelle divine qu'il suffit de visualiser pour entrer en contact direct avec Dieu et n'ont pas besoin d'être guidés puisque le sentier de leur vie est clair et illuminé.

Le ciel est d'un bleu transparent et possède deux soleils. L'un est doré et syntonise de ses rayons tout ce qui touche sa lumière avec la dimension divine. Ces êtres connaissent donc la merveille de la communion avec le Père et sa bonté.

L'autre soleil est rose et ses faisceaux lumineux renferment le sentiment de l'Amour. La haute vibration de sa lumière imprègne ces individus, les éblouissant de joie et les emplissant d'une intense paix intérieure.

Ces êtres s'alimentent de ce que leur offre la nature. Il existe des arbres aux fruits merveilleux et il n'est pas nécessaire de cuisiner les aliments car Dieu les remet avec une magnificence incroyable.

La musique est naturelle, jaillissant des sources, du chant des oiseaux, du coassement des grenouilles et des milliers de sons produits par les cigales, les grillons, le vent, la pluie et tous les animaux acclamant de bonheur le Père en un murmure aux accords beaux et doux. Ici l'atmosphère est musicale. Tous les êtres chantent, même les pierres.

Là habitent, dans une paix absolue et en harmonie, tous les animaux que les hommes ont connus. Il n'y a pas de bêtes sauvages. Les oiseaux sont de toutes les couleurs et leurs chants peuvent reprendre n'importe quelle mélodie connue. Il suffit de le souhaiter.

C'est une dimension d'Amour où tous les êtres jouent comme des enfants, rient comme des dieux, rêvent comme des poètes. Parfois ils dansent, d'autres fois ils chantent. Ici l'imagination est réalité puisque les rêves se matérialisent, si bien qu'on peut embrasser une fée, voler sur un tapis ou sur un cheval ailé.

On peut se déplacer en volant pour aller où l'imagination souhaite aller.

Les enfants naissent de l'amour mais de l'Amour spirituel. La grandeur de l'amour manifesté envers le Père permet la création spontanée, virginale. Il suffit qu'un enfant soit désiré pour que se produise une naissance de Lumière et d'Amour, qui est le phénomène le plus merveilleux qu'on puisse contempler en cet endroit.

Les vêtements sont très différents les uns des autres puisque chacun crée comme il l'entend. C'est ainsi que nous voyons de beaux costumes de reines, de danseuses, de mages, d'odalisques, etc.

Plumes, fleurs et perles forment de magnifiques colliers et des robes merveilleuses.

Les couleurs sont électriques, parfois intenses, d'autres fois douces, mais toujours brillantes de lumière.

Dans cet endroit, il n'y a pas d'horloges car le temps n'existe pas. Il n'y a ni jour, ni nuit, ni saisons puisque le froid et le chaud n'existent pas non plus.

Le gazon est le tapis le plus moelleux que l'homme n'ait jamais connu.

Le sable y a la légèreté de la plume et les pierres et roches sont faites de quartz et d'améthystes, d'agates et lapis-lazuli, formant des rochers au bord des plages ou des cavernes sur les flancs des montagnes. Les soleils y reflètent leur lumière. Et, lorsque les rayons des deux soleils se rejoignent, il y a formation de diamants. En cet endroit, les roches chantent des mélodies religieuses et solennelles ; elles sont l'antichambre des temples de lumière.

Les temples de lumière ont l'aspect de pagodes orientales. Il s'y produit une élévation aérienne permettant la lévitation jusqu'à des distances incroyables, au-delà des étoiles. À d'autres moments d'expansion spirituelle, ces êtres créent des nuages d'énergie où ils demeurent, bercés pour l'éternité, s'ils le désirent.

Les arômes sont incroyables, à base de fruits et de fleurs, parfois intenses, parfois doux, jamais pesants.

Il n'y a pas d'écoles étant donné que la connaissance est reçue en rêve. Il existe des anges chargés de la déverser dans les chambres durant les périodes de repos, prises selon le souhait de chacun. Ainsi, à travers la respiration du dormeur, la connaissance est infusée dans l'être.

La sagesse est un attribut auquel tous ont accès et la couleur de l'aura de chacun indique la dose du savoir à lui prodiguer.

C'est ainsi que Paola a résumé le vécu qui fait aujourd'hui partie de son expérience de vie :

Récit de Paola : Premier voyage

J'étais face au seuil et sentis une force magnétique m'attirer vers l'espace. Le voyage a été absolument inattendu et s'est déroulé dans un feu d'artifice multicolore. Mon corps était devenu une traînée de lumière ou énergie blanche. J'arrivai dans l'espace et ma première réaction fut de regarder la Terre, la planète, que je couvris de mes bras de lumière. J'avais l'impression qu'on me demandait de protéger la Terre et de prendre soin d'elle car elle était mienne et je l'aimais de tout mon cœur. Soudain, je sentis que je n'étais pas seule. Je regardai vers ma droite et vis sept hommes vêtus de tuniques de différentes couleurs. Ils ressemblaient à des Dieux et avaient l'air très en colère. Je compris que c'était l'heure du jugement et que je devais défendre ma planète. Je vis une estrade, comme dans un tribunal. Le jugement était imminent et définitif.

Second voyage

Je revins à cet endroit immédiatement, sans grand effort. Tous les éléments étaient là, tels que je les avais laissés. Le jugement commença...

Un par un, les dieux commencèrent à lancer une sorte de disque, comme un boomerang, vers la terre. Cela produisait une espèce de coupe en surface, permettant un effet de « zoom » rapprochant la planète et montrant des scènes de violence, haine, bombes atomiques, destruction... C'était comme une loupe géante qui permettait de voir des situations de la vie contemporaine, toutes liées à la destruction.

Pour m'accompagner dans ce voyage, j'avais emporté un livre. Je décidai alors d'en faire usage et vis qu'il contenait l'histoire de l'humanité. J'en tirai de belles choses et de bonnes actions réalisées par l'homme, mais ce n'était pas suffisant.

Il se produisit un moment de silence que j'interprétai comme la prise de décision inévitable : la destruction de la Terre, telle était la sentence.

L'angoisse et la solitude s'abattirent sur moi et je commençai à pleurer. Je me sentis sans ressources ni possibilités. Il n'y avait plus rien à faire. J'étais en proie à ce sentiment lorsque je m'aperçus que plusieurs planètes de couleurs s'approchaient de la scène du jugement et pensai : « Ce sont des planètes d'autres horizons, chacune avec son propre soleil ». J'avais là la preuve qu'elles provenaient d'une autre dimension, ne figurant pas sur notre carte stellaire.

Ces planètes étaient de différentes couleurs, toutes très définies, plates, sans nuances, incandescentes de lumière et d'énergie. La première était d'une couleur violette[11] très intense. Si j'ai bonne mémoire, c'était la plus grande de toutes et la première d'une longue file. Les suivantes étaient en ordre : rose, jaune, bleu ciel. Je ne me souviens plus très bien des autres qui suivaient derrière.

Ces planètes étaient en mission de « sauvetage cosmique » et s'adressèrent aux sept dieux en ces termes : « Nous sommes déjà passés par là. Pourquoi ne pas leur donner la chance que vous nous avez donnée à nous ? ».

Après cette remarque, les dieux gardèrent un profond silence, laissant deviner leur réponse : la dernière chance était accordée...

Je me sentis très heureuse et éternellement reconnaissante envers nos grands frères. Dans un geste d'amour, chacun d'eux me remit un faisceau de lumière de la couleur le distinguant. L'émotion était très forte. Je fondis à nouveau en larmes.

Après quelques secondes, un sentiment d'angoisse m'envahit car je ne savais pas comment faire comprendre

---

11 Rappelez-vous l'expérience de Victoria au cours de son « voyage sur Vénus », au chapitre des mystères cosmiques cachés en Amérique.

au monde quelles avaient été les personnes qui nous avaient aidés, d'où elles provenaient et ce que nous devions faire pour éviter le pire. J'en étais là lorsque, subitement, la couleur du ciel changea sur Terre : il devint violet. Et ce fut un éclatement de milliers de tonnerres et d'éclairs blancs sur ce ciel. C'est ainsi que toutes les couleurs du spectre traversèrent le firmament, envoyées par chacune des planètes qui nous avaient aidés.

À ce moment-là, je vis le monde. Partout c'était la même heure. Je le vis rond, avec toute l'humanité debout, les yeux levés, en un moment de réflexion mondiale, en silence, sans bruit.

J'exprimai une nouvelle fois ma reconnaissance et tournai mon regard vers l'espace pour voir ce qui s'y passait. Je pus observer de quelle façon les dieux s'en allaient. Ils commencèrent à se désintégrer en une pluie de minuscules grains de couleurs, formant un cercle et se fondant pour se perdre dans l'espace.

Il me reste une phrase que j'ai reproduite textuellement. C'est un message qu'ils ont laissé très clairement : « *Il est devenu urgent de prendre conscience que nous sommes au début d'une nouvelle ère. Il est fondamental d'accepter l'homme en tant qu'esprit et non en tant que matière. Il faut se détacher pour favoriser l'évolution du monde* ».

Ainsi est mon Amérique. Je l'ai découverte.

IL Y A DES GESTES QUI « TUENT »... ET D'AUTRES QUI FONT DES MIRACLES

PHASE IV

Le moment est venu de se demander si une partie de vos échecs n'est pas due à la méconnaissance du geste juste, au moment juste et pour le motif juste. Peut-être que, si vous l'aviez su, beaucoup de situations discordantes ou handicapantes vous auraient été épargnées.

Dorénavant, vous pourrez diriger cet aspect. En effet, en concordance avec la direction créative universelle, vous réussirez à mettre en ordre vos propres pulsions créatives à travers le geste parfait, qui pourra s'imposer depuis ses niveaux internes vers l'activité extérieure.

Cet exercice permet non seulement d'améliorer votre propre vie mais en plus, si vous êtes chorégraphe ou metteur en scène, d'extraire des mondes de création divine la chorégraphie ou mise en scène juste et appropriée, correspondant au sujet proposé. Les sculpteurs peuvent également en bénéficier sur le terrain pratique de la sculpture spatiale.

Toutefois, avant d'entrer en matière, je vais faire quelques remarques qui mettront en lumière, une fois de plus, le but visé.

Voici deux exemples nous transportant dans le monde inconnu, initiatique, des ordres militaires. Le « pas de parade », tellement applaudi dans les défilés, correspond à une pratique disciplinaire destinée à déchaîner un coup continu à la base du cerveau dans le but d'endormir la volonté en favorisant une plus grande disponibilité aux ordres donnés par les supérieurs ou aux idéaux inculqués par chaque institution militaire.

De même, le geste de placer un bâton sous son bras tandis qu'on passe la troupe en revue déclenche, chez qui l'exécute, une activation énergétique augmentant le sentiment de « pouvoir » et créant à l'entour un véritable champ magnétique, perçu par les subalternes.

Transportons-nous maintenant dans un autre milieu. Vous êtes dans une réunion où l'on traite un sujet épineux qui rend l'atmosphère lourde et agressive. Vous décidez alors de ne pas aller plus loin dans la conversation et, frappant la table de la main, dites : « Mieux vaut en rester là. Laissons cela pour un autre jour ». Vos paroles ont été correctes, prononcées sur un ton neutre mais... ce coup a déchaîné une réaction négative chez vos interlocuteurs, qui répondent d'une façon inappropriée. Que ce serait-il passé si, au lieu de frapper la table vous aviez joint les mains pour ensuite les ouvrir doucement dans un geste de conciliation, tout en prononçant les mêmes paroles que précédemment ? Ne croyez-vous pas que la réaction à votre proposition aurait été différente ?

Voyons maintenant une activité de type « spirituel » où le geste a une énorme importance pour pouvoir changer le monde et le transformer en un éden.

LA PANEURYTHMIE :
UNE DANSE AU-DELÀ DE LA TERRE

Peter Deunov et, plus tard, Mickael Aivanov, ont été les instructeurs d'un mouvement spirituel né en Bulgarie, aux racines *bogomiles*[12] et *cathares*[13], dont l'objectif central était de préparer l'homme à une nouvelle vie d'amour et de perfection par la compréhension de règles simples de la nature et sa connexion avec les principes cosmiques. Sa principale force était l'enseignement de la paneurythmie ou danse du rythme divin. À travers elle, l'homme devenait un véritable « transformateur » des énergies cosmotelluriques, les élevant à travers sa propre harmonisation.

Aujourd'hui, ses guides ne sont plus de ce monde. Aivanov est décédé il y a quelques années mais ses enseignements sont toujours pratiqués dans différents pays, particulièrement en Europe. J'ai eu la chance de faire sa connaissance dans sa retraite située dans le sud de la France. Là, j'ai pu voir et expérimenter cette danse – dont les mouvements portent la sagesse du geste à des niveaux extraordinaires – et d'en éprouver personnellement certains effets.

Les participants forment un grand cercle, par couples, les femmes à l'intérieur, les hommes à l'extérieur. Au centre, se trouve le violoniste qui imposera le rythme et la mélodie, parfaitement créée à cet effet. Seuls sont utilisés les instruments à cordes car ils agissent sur les électrons du corps humains, élevant de la sorte les vibrations des danseurs.

---

12 Bogomiles : congrégations mystiques très anciennes, d'origine chrétienne, en Bulgarie.

13 Cathares : congrégations de même nature que les précédentes, existant dans l'Europe médiévale.

Vous savez que l'être humain est un être musical, vibrant en consonance ou dissonance selon le cas. Vous savez aussi que l'univers est un grand concert cosmique parfait et qu'un escalier en pierre peut se casser en mille morceaux sous l'insistance d'un son particulier maintenu sur la fréquence adéquate pour obtenir un tel résultat, comme démontré expérimentalement par trois savants allemands : Haissenberg, Schredinger et Jordán.

Il faut savoir que nos doigts sont des antennes émettrices et leurs intervalles des antennes réceptrices. Autrement dit, pour recevoir, il faut ouvrir les doigts et, pour offrir, il suffit de les joindre. D'autre part, votre côté droit est émetteur, tandis que le gauche est récepteur. Je pourrais vous fournir d'autres données pour que vous commenciez à coordonner vos mouvements en vue d'une relative perfection intérieure qui aura nécessairement des manifestations extérieures, mais ce n'est pas l'objet de ce livre. Je ne prétends pas vous donner le geste parfait à appliquer à chaque moment et pour chaque situation. C'est à vous de le découvrir.

Pour ce faire, il me faut vous expliquer en quoi consiste cette phase qui a commencé depuis un moment et dont les participants se trouvent déjà détendus, activés au niveau de leur être-énergie et sur le point de voir, au travers du triangle de la pinéale, ce que sera leur geste parfait pour les besoins du moment.

Allons-y. Devant vous se trouve l'espace infini, au-delà du portail de la pinéale. Observez sans avidité et en dehors du temps… Vous finirez par voir apparaître quelque chose ou quelqu'un qui vous montrera, en l'effectuant, quel est le geste harmonisateur que vous devez utiliser dans les prochains jours. Soyez-y attentif afin de pouvoir le pratiquer et l'apprendre une fois l'exercice terminé. Lorsque vous l'aurez retenu dans votre mémoire externe, revenez à ce niveau.

Comment cela s'est-il passé ? À titre d'exemple, Patricio, un de mes élèves, avait du mal à terminer ses explications, s'arrêtant toujours au milieu de ses phrases, qu'il ponctuait d'un geste de la main droite, également inachevé. Au cours de son expérience dans l'espace intérieur, il vit un être effectuer un léger mouvement ascendant avec ce qui semblait être son bras droit. En refaisant cet exercice, aussi bien son mouvement interrompu que ses phrases inachevées retrouvaient immédiatement leur harmonie, l'amenant à donner ses explications clairement et tranquillement.

Pour d'autres, les mouvements enseignés allaient depuis le mouvement giratoire sur soi-même – apaisant le champ émotionnel – jusqu'à des exercices complexes à retenir et même de véritables danses magiques, dont les explications correspondaient à une sagesse merveilleuse, laissant présager des résultats bénéfiques pour qui les pratiqueraient.

Il arrive que ces mouvements soient dévoilés par des formes énergétiques en couleurs, qui indiquent par leurs mouvements le modèle à suivre. Pour ceux qui réussiraient à pénétrer sans efforts dans l'espace morphogénératif, il est possible de pratiquer ces mouvements en même temps que ces énergies. Ceux qui l'ont fait ont vécu l'expérience beaucoup plus intensément, apprenant de première main comment et quand exécuter ces mouvements et quel allait être le résultat obtenu. Comme vous pouvez le constater, nous avançons doucement sur le pont qui, en ce moment, est devenu un vaste espace pour danser et se mouvoir harmonieusement, au rythme de l'énergie cosmique et tellurique.

Cependant, il nous faut rendre au pont sa forme originelle car l'exercice suivant est un défi correspondant à la phase intitulée « Création d'un personnage », ce qui lui donne un air banal alors que son objectif est intrépide. Vous allez comprendre pourquoi.

CRÉATION DE « FORMES-PENSÉE »

« SI TU NE PEUX PAS ME NOURRIR D'AMOUR, NE ME DONNE PAS CETTE CARACTÉRISTIQUE POUR EXISTER »

PHASE V

Vous souvenez-vous de l'expérience dans laquelle je vous ai plongés au cours du premier chapitre, où je vous montrais jusqu'où peuvent aller les créations humaines lorsqu'on parle ou bavarde autour de sentiments, valorisations et visualisations dans un sens destructif ? Une telle création s'appelle « forme-pensée » et peut être aussi – et doit être – une création bienfaisante, alimentant notre atmosphère planétaire et contribuant à son avancée et à sa perfection. Tel est le thème de la phase que nous abordons maintenant.

Préalablement, comme nous en avons pris l'habitude, je vous illustrerai le sujet par une information supplémentaire.

Notre planète est entourée d'une « couche psychique » produite par la force de pensée et l'action créatrice de cette humanité. Ce devrait être une couche transparente et d'une coloration harmonique, bienfaitrice pour la Terre entière. Malheureusement, ce n'est pas le cas et la réalité est autre. Aujourd'hui, cette couche est dense, sombre et écrasante. Chaque fois que nos propres pensées et actions sont discordantes, nous contribuons à noircir ce nuage déjà sinistre. Pire encore : nous syntonisons avec lui. Toute sa dévalorisation énergétique nous pénètre comme le beurre sur du pain chaud, nous causant davantage de disharmonie, davantage de problèmes et de limitations.

Notre planète arrive à une limite insoutenable avec la présence de nombreux désastres, de guerres, de douleur, d'autodestruction. Comment l'éviter ?

« Car là où deux ou trois sont assemblés en mon nom,
je suis au milieu d'eux »
(Matthieu 18,20)

Cette merveilleuse invitation à coordonner nos esprits et sentiments pour n'en former qu'un seul dans le but de prier ou d'émettre amour, gratitude, louanges ou pardon, faite il y a deux mille ans par le bien-aimé Jésus, est un pouvoir dont on commence aujourd'hui à soupçonner la profondeur…

« Je ne parle pas pour vous,
je parle pour ceux qui viendront ».

C'est nous qui sommes visés. À partir de cette vérité, faisons en sorte que notre désir humain soit la « volonté divine » pour créer des « formes-pensée » bienfaisantes et transformatrices, comme le Père l'attend de nous.

À ce propos, je vais vous raconter une expérience célèbre, réalisée par des groupes de chercheurs intéressés par le comportement animal et dont les résultats ont à voir, justement, avec le sujet ici traité.

Disséminés sur les îles d'un archipel se trouvaient des singes d'une même espèce, s'alimentant d'un tubercule qu'ils déterraient et mangeaient avec la terre qui restait collée dessus après extraction.

Sur l'une de ces îles, un singe commença soudainement à laver ces pommes de terre avant de les ingérer. D'autres l'ont imité (environ 10 sur 500). Les singes qui s'étaient alimentés de ces tubercules, désormais propres, commencèrent à leur tour à les laver.

Les habitants des îles, attentifs à ce curieux phénomène, ainsi que les chercheurs, remarquèrent que dès que 100 singes avaient fait la même chose, tous les singes habitant l'archipel, sans avoir vu ni vécu cette expérience, commencèrent simultanément à laver les tubercules avant de les ingérer.

Ce résultat est connu comme L'EFFET DU SINGE N° 100 et correspond au phénomène connu sous le nom de MASSE CRITIQUE (voir glossaire).

Qu'est-ce qui a pu produire cet apprentissage à distance ? Pourquoi a-t-il eu lieu ? Selon les experts, la « masse critique » a été atteinte, déchaînant l'effet multiplicateur dans l'espace.

La même chose se produit avec l'homme lorsque celui-ci est connecté à un réseau de fréquences le syntonisant à des énergies déterminées d'influence ? Voilà de quoi alimenter votre réflexion.

Reprenons maintenant nos exercices. Allons aux faits. Dix personnes assistent à cette séance, dont vous. Cette fois, nous ne ferons pas la relaxation ni les visualisations correspondantes, si ce n'est à la fin, lorsqu'il nous faudra conclure la seconde partie de cette phase. Notre objectif est tout un défi : participer au sauvetage de notre chère planète Terre.

Commençons par la construction de modèles bienfaisants et transformateurs à travers la création d'un « personnage » idéal. Tous les participants doivent émettre leurs opinions et un avis jusqu'à parvenir à un accord général.

Le but immédiat est de parvenir à une création individuelle avec une puissance commune, amplifiée par le nombre d'espritscœurs et, bien entendu, la réserve de pouvoir des sentiments impliquée.

Proposition de patron initial : Ne pas lui attribuer de limitations physiques ou propres aux humains. Le doter de qualités, de pouvoirs et d'une mission. Indiquer avec précision et détails toutes ses caractéristiques, sans rien laisser au hasard. Mentionner également les lieux où il agit, où il habite, sa taille, son sexe (androgyne ?), sa couleur, sa densité, etc. En résumé, il s'agit de créer un véritable « hologramme » mental collectif de grande puissance.

Il faut bien avoir à l'esprit que, une fois créé et lancé à travers le portail triangulaire, il n'y a plus rien à faire pour le corriger car il aura sa propre vie. Il n'y a aucune règle quant à la forme qu'il pourra assumer. On peut même l'imaginer comme de l'énergie en mouvement.

Après cette première étape – qui demande du temps, parfois deux séances – on passe aux exercices de relaxation et de stimulation de la pinéale, conformément aux visualisations énergétiques d'harmonisation. Ensuite, une fois le portail triangulaire ouvert, on lance cette ***création*** dans l'espace intérieur, où la création divine lui donnera naissance. À partir de là, cet être est censé être indépendant et accomplir ce qui lui a été assigné.

Tandis que ce groupe hypothétique et vous-même travaillez sur « votre personnage », je vais inclure dans ce chapitre trois expériences remarquables survenues avec d'autres équipes de travail.

Il y eut un cas où une erreur dans la construction du personnage fut corrigée par lui-même. En le lançant dans l'espace, après avoir reçu le don de la vie, on lui demanda s'il ne lui manquait rien au niveau de ses caractéristiques. Il répondit alors à deux des participants dans les mêmes termes : « Vous avez choisi de m'alimenter d'amour. Allez-vous le faire tous les jours … ? ».

Après quoi, le contact fut rapidement rétabli pour lui donner une nouvelle forme d'alimentation car tous sentirent peser sur eux le poids d'une grande responsabilité et la peur d'oublier de lui envoyer de l'amour tous les jours, avec les conséquences tragiques en découlant.

Une autre fois, alors qu'on lui demandait son nom (seule chose qu'on ne lui attribue pas, en espérant que son « baptême » ait lieu sur les plans divins), tous les participants ont reçu une réponse similaire quant au son : « Al », « Aldián, « Alia », etc.

Une expérience plus surprenante encore est survenue. Trois participantes d'un autre groupe reçurent le même nom : « Marcos ».

La réalité a dépassé largement toute expectative lorsque, quelques jours après, un groupe a donné vie à une forme-pensée aux caractéristiques assez angéliques et dont la mission consistait à protéger les êtres constructifs.

Gabriela, une des participantes à cette création, a assisté à une réunion étrangère au cours où, parmi les invités, se trouvait une personne douée de ce qu'on appelle une « seconde vue ». En la voyant venir, elle lui demanda qui était l'être qui l'accompagnait. Au grand étonnement de Gabriela, elle lui décrivit exactement le personnage créé par le groupe et pu même dire son nom. Nous étions bouché-bée.

Une autre forme-pensée créée dans l'un des cours a été chargée de la magnifique tâche d'aider enfants et adolescents d'une plage voisine à s'éloigner de la drogue. Quelle ne fut pas la surprise de découvrir, une semaine plus tard, en lisant un journal local, qu'un groupe d'adolescents avait demandé de l'aide et avait décidé de se soumettre à un traitement pour se libérer de la drogue.

Hasard ou influence de la « forme-pensée » ?

En plus des explications qu'ils fournissent, tous ces exemples ouvrent des interrogations quant à la portée de ce genre d'activité et quant à la vitesse des changements pouvant intervenir autour d'une prise de conscience sur l'influence que l'esprit humain peut exercer au niveau du contexte planétaire.

La remarque qui s'ensuit immédiatement a trait à l'utilisation de cette activation et création à des fins égoïstes ou destructives. Dans ce champ d'action, où se déplacent des énergies puissantes engendrées dans les mondes divins, la loi directrice est celle du « choc en retour », ce qui veut dire qu'une action correcte entraîne sur l'émetteur un résultat de même intensité ou d'une intensité supérieure à celui projeté et qu'une action discordante attire sur l'émetteur une réponse d'autodestruction. Pire encore, on ne peut donner vie à des formes-pensée agissantes sans avoir connecté et activé les processus énergétiques d'harmonisation avec la Source même : le Père. Par conséquent, une création aux objectifs éloignés de Ses fins à Lui est impossible et susceptible d'engendrer un court-circuit vibratoire de grande intensité dont il vaut mieux ne pas mentionner les conséquences.

Revenons maintenant à notre exercice. Supposons que vous avez créé votre « personnage », que vous l'avez fait naître dans l'autre espace, que vous lui avez donné un nom et que vous avez espoir de le voir coopérer au Plan Divin sur Terre. Dans ce cas, il ne reste plus qu'à continuer… Le pont semble interminable, il est jonché de surprises, de missions, de renoncements et de satisfactions, de chutes et d'envolées mais, au bout, c'est la lumière qui vous attend, chaleureuse, aimante, éternelle…

RENCONTRE AVEC L'ANGE

PRÉ-PHASE VI – PHASE VII

« La lumière... une puissante lumière n'ayant rien à voir avec celle que nous connaissons, apparut devant moi. Son énergie était si intense qu'elle faisait vibrer tout mon être. Je lui tendis mes bras-énergie et quelque chose de très impressionnant m'enveloppa complètement. C'était un amour infini qui me donne envie de pleurer chaque fois que j'y repense ».

De tels récits sont courants au terme de l'exercice de cette phase, où l'étudiant se connecte aux plans les plus élevés que l'on puisse atteindre depuis un véhicule physique résistant jusqu'à un certain degré la hausse vibratoire d'une autre octave.

De même que la musique répartit ses sons mélodiques d'octave en octave, nos modèles énergétiques obéissent à des fréquences rythmiques ascendantes ou descendantes, en suivant un modèle cosmique et mathématique de correspondance en octaves.

En choisissant de vivre l'expérience de contacter notre ange, il nous faut présupposer que celui-ci se trouve sur une octave différente de la nôtre et agir en conséquence.

Pour ce faire, il faut se préparer d'une façon spéciale. Comme vous êtes invités à faire connaissance avec votre ange, prêtez attention aux indications suivantes :

1) Effacer tout concept humain que nous avons sur les anges. Il faut être neutre, aussi bien au niveau du sentiment qu'au niveau de la pensée.
2) En faisant les visualisations énergétiques de l'exercice de base, y ajouter aux quatre existantes une cinquième qui consiste à se voir à l'intérieur d'un soleil doré. La

sphère incandescente de la glande pinéale doit aussi être vue en lumière or, de même que l'espace où l'on s'introduira pour vivre la rencontre. Emplissez-vous du sentiment de gratitude.

3) Une fois à l'intérieur de cet espace, vous allez vous sentir gravir sept niveaux, jusqu'à parvenir au huitième. Faites cela lentement. Si vous sentez un bandeau vous serrer la partie supérieure de la tête, ne craignez rien. C'est normal. Vous pouvez aussi ressentir d'autres effets physiques. Il n'y a pas de quoi s'en inquiéter car cela est naturel et dû à l'élévation de votre niveau vibratoire.
4) Une fois arrivé au niveau correspondant, demeurez en attente, sans avidité. Intensifiez votre sentiment de gratitude.
5) Lorsqu'il apparaîtra devant vous, n'en soyez pas impressionnés. Restez calme et faites en sorte de le recevoir comme il se doit.
6) Rappelez-vous que, dans cette octave, vous vous trouvez en tant qu'être-énergie. Votre silence émotionnel et mental sera la clé vous permettant de reconnaître l'apparition comme indépendante de votre propre création. Ainsi, vous serez sûrs que c'est bien l'ange qui s'est manifesté.
7) Une fois en sa présence, remerciez-le d'être à vos côtés et invitez-le à demeurer avec vous en conscience. Vous pouvez lui demander son nom ou toute autre chose que vous considérez vitale pour votre développement spirituel.
8) Puis, à partir de cet instant, sentez que vous serez consciemment lié à Lui. Cela créera une filiation permanente, chassant pour toujours votre sentiment de solitude pour le remplacer par une Présence ; la

solitude étant un produit des formes-pensées collectives qui centrent le fait d'être seul sur l'absence physique ou émotionnelle. Une fois revenu de votre expérience, je vous recommande de donner forme sur le plan physique – par une esquisse en couleurs – à ce qui vous est apparu, afin que cette image (peu importe comment vous dessinez) irradie la puissance de son univers céleste originel et influe énergétiquement sur vous et votre entourage par la contemplation.

Du fait du caractère sublime de cette expérience, je ne décrirai aucun vécu la concernant. Dans un chapitre précédent, je me suis référée au cas de Tatiana car il est particulièrement intéressant et exceptionnel. Cette dernière reçoit une instruction directe de son Ange, qui la conseille et la soutient dans ses tâches journalières de professeur, épouse et mère de famille. Ainsi, elle a pu opérer des changements transcendantaux dans son existence, améliorant son entourage familial et professionnel. Elle a d'ailleurs mené avec succès des actions suggérées par son Ange, en faveur de la jeunesse qui ont provoqué de véritables « miracles ».

J'ai omis de mentionner que, préalablement à l'expérience vécue avec l'Ange, les participants aux différents cours ont dû passer par une espèce de pré-phase – la sixième – consistant à un « atterrissage » brutal sur ce qu'on appelle le « plan de la matière ». Là, ils doivent chercher ensemble des solutions à un problème local ou planétaire d'envergure, à travers la création humaine. Les différences de points de vue font naître de grandes discussions et parfois, ils voient la « solution », obtenue au terme de longs palabres, annulée et remplacée par de véritables édits divins livrés dans les « espaces morphogénératifs ». Finalement, l'Ange volant à leur secours se trouve être la récompense à cette triste expérience.

LA MUSIQUE SE VOIT, LA COULEUR S'ENTEND :

APPRENDRE À SE PROTÉGER

PHASE VIII

Il est curieux de voir comme l'ignorance concernant notre propre être peut nous conduire à commettre des erreurs monumentales, telles que nous enfoncer dans une tristesse qui n'est pas nôtre, qui ne nous affecte même pas aujourd'hui, dans un accès émotionnel destructif, ou simplement dans une léthargie soudaine en écoutant une agréable mélodie.

Les formules amenant à cet état se trouvent dans deux zones fondamentales d'expression créative énergétique. La première a à voir avec la syntonisation de fréquences et l'autre avec le pouvoir du son en tant que transmetteur des processus créatifs d'un compositeur, selon ses sentiments au moment d'écrire sa musique. Souvenons-nous que chaque acte créatif comprend ***sentiment, valorisation, visualisation*** et ***action***, le ***sentiment*** étant l'élément déclenchant le processus. Et la musique est un puissant transmetteur énergétique, qui ne demande pas la permission d'entrer et qui, lorsque nous lui ouvrons la porte de notre champ énergétique, peut entrer chez nous et se présenter comme notre pire ennemi à cause de l'ajustement des fréquences que nous effectuons.

Si le musicien compose en proie au sentiment de la mélancolie, sa mélodie sera mélancolique quant à son influence énergétique et l'auditeur syntonisera cette fréquence en s'ouvrant à elle. Amateurs de grande musique, prenez le cas de Mahler et de ses dernières compositions, imprégnées de son sentiment mélancolique : excellentes œuvres, mais plus vous les écoutez et plus vous vous sentez envahis par cette même sensation. La journée prend une toute autre couleur, le paysage une autre atmosphère, etc.

Au contraire, si c'est le « Concerto révolutionnaire » de Chopin qui jaillit de votre appareil alors que vous sortez de chez vous pour aller travailler, vous sentirez le héros bouillonner en vous, prêt à affronter la journée avec le courage d'une armée. Rappelons-nous que, à l'époque, Chopin vivait en France, tandis que la Pologne se trouvait en conflit. Par ce concerto, il imprimait à sa mélodie ses sentiments d'héroïsme et de bravoure envers sa Pologne blessée, qu'il ne pouvait défendre depuis son pays d'accueil.

Un cas digne d'être mentionné du fait de ses effets extraordinaires, vérifiés par des médecins qui ont été témoins de ces expériences, est celui de Tchaïkovski et son œuvre posthume, la *Sixième Symphonie* inachevée – « Pathétique » – composée alors qu'il souffrait d'une grave dépression autodestructive le conduisant à une détérioration physique débouchant sur une mort que la science médicale n'a pas réussi à élucider.

On a découvert que les personnes ayant des idées suicidaires affectionnent particulièrement cette œuvre et que l'écouter assidûment peut déclencher en elles les mêmes instincts d'autodestruction, au point d'attenter contre leur vie ou de souffrir de maladies graves difficilement discernables, ne disparaissant que lorsqu'elles cessent définitivement d'écouter ce thème.

Généralement, c'est nous-mêmes qui choisissons la musique que nous souhaitons entendre et un tel acte est lié à nos propres sentiments qui syntonisent les fréquences existant dans ce champ mélodique, fréquences créées par des musiciens dont l'identification émotionnelle se situe au niveau où se trouvent les nôtres. Et voilà qu'apparaît le premier facteur d'erreur de syntonisation. À cause de cela, il est difficile de sortir de l'état de basses fréquences dans lequel nous nous trouvons car nous tendons à connecter des circuits selon notre niveau vibratoire. Le chagrin d'amour en est un bon exemple qui nous pousse immédiatement à nous réfugier dans un adagio d'Albinoni, si nous aimons la musique classique, ou dans un tango déchirant, si nos préférences vont dans ce sens.

Au contraire, un état de joie, d'enthousiasme, nous amènera à syntoniser des mélodies possédant cette même qualité de sentiment créatif, aussi bien au niveau du rythme qu'au niveau de l'inspiration mélodique. Ce que nous faisons entrer dans notre sphère sensorielle, par le pouvoir de l'attention, influe énergétiquement sur nos propres circuits émotionnels et notre action créative en dépend – valorisée ou dévalorisée – selon l'inspiration musicale qui en est à l'origine.

NOUS SOMMES DES ÊTRES MUSICAUX

Notre plexus solaire vibre comme un diapason selon la mélodie que nos sens perçoivent (que ce soit notre mélodie ou celle d'autrui). Les sons sont des clés dans notre existence, même si nous n'en sommes pas toujours conscients. Prenons un exemple au hasard : vous êtes calme, tranquille, dans une ambiance sereine. Votre voix est douce, harmonieuse, agréable, comme la situation que vous traversez ou, plutôt, comme vous avez été stimulé à réagir. Votre voix a résonné au niveau du cœur.

Quelques heures plus tard, vous vous trouvez dans votre salle de classe. Supposons que vous soyez professeur. Il fait chaud. Vous portez chemise et cravate. La journée a été dure, avec des corrections d'examens de fin de semestre, et vos élèves sont tellement indisciplinés que le bruit qu'ils font vous empêche de vous faire entendre… La tension monte, et avec elle le son de votre voix, jusqu'à pousser un cri aigu et violent ressemblant phonétiquement à quelque chose comme : « Ça suffiiiiiiit, taisez-vous ! ».

Après quoi, naturellement, c'est le silence. Votre être musical a fait une fausse note. Vous avez émis un son à la hauteur du cerveau, avec une fréquence dissonante, aiguë, provoquant une réponse sur le diapason des affectés. Et, en vous, un terrible mal de crâne. Vous rendez-vous compte de la différence ? Ceci est un exemple simple montrant comment nous utilisons le son et comment nous nous affectons nous-mêmes, dans notre propre véhicule physique, sans avoir été agressés par un stimulus sonore externe. L'intérieur est la clé qui construit ou détruit. L'extérieur, lui, aide à construire ou détruire.

Nous pouvons être responsables envers nous-mêmes en dirigeant nos propres sons vers une harmonisation mais nous ne pouvons échapper aux harcèlements sonores extérieurs, surtout lorsqu'ils nous atteignent émotionnellement, en nous connectant aux différentes fréquences émises par les compositions musicales, quels qu'en soient le style et les séries de tons. C'est alors qu'il convient de syntoniser les espaces morphogénératifs de la pinéale pour VOIR comment les différents sons musicaux influent sur notre modèle vibratoire, à travers l'apparition d'énergies de couleurs bougeant selon la fréquence émise et selon notre état de réception du moment.

L'expérience a démontré que 80 % des récepteurs perçoivent les émissions telles qu'elles ont été créées par les sentiments du musicien, alors que 20% seulement les reçoivent différemment à cause d'un état particulièrement intense qui déforme les impulsions originelles.

Même si cela vous semble difficile à croire, la musique peut être vue et la couleur entendue. Une telle faculté correspond à une stimulation de la capacité sensorielle, où joue un rôle transcendantal l'interaction hémisphérique cérébrale, conjointement avec l'activation interne du centre pinéal.

Il y a plus de 40 ans, aux États-Unis, un résultat médical fortuit, à la suite d'une opération au cerveau, a posé les bases permettant d'affirmer que l'interaction de ces deux hémisphères peut déclencher des capacités inconnues du cerveau humain.

Cet incident insolite se produisit à la suite de l'extirpation d'une tumeur. En rétablissant les connexions neuronales sans la précision dont s'enorgueillit de nos jours la microchirurgie, on découvrit avec surprise que le patient, en revenant à lui, voyait les sons musicaux et entendait les couleurs le plus naturellement du monde[14]. Pour nous, la musique s'entend et la couleur se voit. On est en droit de se demander ce qui est normal.

LA SYNESTHÉSIE

Les savants qui font des recherches sur les capacités sensorielles des êtres humains ont remarqué une augmentation des capacités synesthésiques de la population planétaire ces dernières années, au point de démontrer que 5 % de la population mondiale est aujourd'hui synesthésique. Il est loisible de penser que la situation que traverse actuellement la planète, soumise à l'intensification des ondes électromagnétiques arrivant au travers du soleil physique et provoquant l'élévation des fréquences énergétiques, soit l'une des causes expliquant ce processus de stimulation.

La synesthésie est la réaction de deux sens ou plus à une seule stimulation. Par exemple, une personne contemple une peinture, appréciant ses couleurs et formes et, en même temps qu'elle sent les arômes des couleurs, elle les entend aussi. Les sens ne sont pas aussi physiques que nous le croyons. Ils

14 *Le Cerveau Humain,* Phyffer (1960).

appartiennent à notre être-énergie. Sinon, demandez-vous où s'en est allé le sens de l'ouïe de l'être endormi qui ronfle et ne s'entend pas, tandis que l'être éveillé près de lui l'entend ? Un plus haut voltage de notre équipement devrait permettre à nos sens de fonctionner simultanément si les conditions créatives de vie le permettaient car telle est leur condition originelle, la voie d'accès expérientielle vers l'obtention de la vérité globale.

L'exercice suivant vous permettra de faire l'expérience de voir la musique et, par conséquent, d'entendre la couleur, confirmant ainsi l'effectivité du pouvoir engendré par l'activation correcte du centre pinéal.

COMMENT FAIRE L'EXERCICE

Activez votre centre pinéal comme vous l'avez appris et demeurez de ce côté du portail luminique tandis que vous écoutez de courts extraits des mélodies choisies. Après chaque émission musicale, arrêtez, ouvrez lentement les yeux et dessinez la ou les couleurs, ainsi que l'onde sur laquelle le thème est arrivé. À la fin de l'expérience, vous aurez devant vous une dizaine de schémas différents, aussi bien en couleurs qu'en émissions d'ondes. Étudions leurs résultats.

Les couleurs opaques, noires, grises, sombres ne sont pas des vibrations d'un bon niveau. Les couleurs chaudes – rouge, orange, jaune – ont une incidence sur l'activation émotionnelle. Elles sont énergétiques. Elles servent à sortir des états dépressifs ou tristes. Comme elles sont élévatrices des vibrations atomiques, dès qu'on cesse de les écouter, on peut retomber dans l'état antérieur. Pour éviter une telle rechute, une fois sorti des basses fréquences grâce à ce type de musique, remplacez-la immédiatement par une musique dont émanent des tons arc-en-ciel, qui sont harmonieux. Ces derniers ne sont pas les plus efficaces pour sortir d'états dépressifs. Il convient donc d’en sortir brusquement par des mélodies chaudes pour, ensuite, passer aux tons arc-en-ciel.

L’apparition de la couleur bleue éveille à la pureté, à la tranquillité, dans certains cas au mysticisme, à la nostalgie, à la tristesse et à la dépression si la couleur n’est pas claire et transparente. N’écoutez pas de la musique bleue si vous êtes dans un moment difficile car elle intensifie votre sensibilité. Au contraire, ayez recours à elle pour vous apaiser après une grande activité, surtout mentale.

La musique aux couleurs de l’arc-en-ciel est recommandée dans tous les cas mais spécialement dans des situations où l’attention s’est portée pendant longtemps sur des problèmes terrestres ou disharmonieux. Le vert dans sa tonalité la plus pure, claire, comme le néon, transmet la fréquence régénératrice, guérisseuse. Le vert opaque, dense, n’est pas recommandable car il cache de basses fréquences qui agissent sur votre personnalité ou votre état.

Le jaune, de même que le rose, est une fréquence élévatrice de la conscience. Il représente les lueurs de la conscience christique. Plus sa radiation est diaphane et or, plus grande est cette possibilité. Son énergie est également guérisseuse et connecte à des modèles vibratoires facilitant le développement intérieur.

La couleur blanche – ou la synthèse de toutes les couleurs – obéit à la plus haute fréquence vibratoire à laquelle on puisse accéder dans le domaine des énergies tonales. Elle active notamment des champs de protection, assure la pureté mentale, etc.

La couleur violette indique l'activation du processus de transmutation énergétique ou purification de l’être et son entourage. Il convient d’écouter cette musique en sentant l’effet qu'elle produit. Lorsque le ton est foncé, c'est un signe de transmutation sur un niveau de basses fréquences indiquant un processus difficile.

Finalement, la couleur pourpre élève la fréquence vibratoire de la sagesse supérieure et connecte l'être à la fréquence de la « nostalgie divine ». Le pourpre dense déchaîne des processus internes d'orgueil et de vanité, de même que le vert foncé.

Le mélange des couleurs, qui est normal, livre le *tableau d'influence* de la musique choisie et son analyse dépendra de votre propre interprétation référentielle.

Quant aux différents mouvements d'ondes, les deux principaux sont : le courbe ou oscillant, pouvant comprendre le mouvement ovale et l'explosif, et le brisé ou alterné. Le premier est harmonique et conduisant sans s'imposer par la force. Le second est impératif et activateur mental. Aucun des deux n'est négatif, sauf lorsque les couleurs l'indiquent.

Si en écoutant un morceau de musique vous voyez apparaître le rouge et le noir sur une onde de ligne brisée, fuyez ce thème comme s'il s'agissait d'un serpent venimeux. Vous avez là l'indication d'une influence énergétique de basse fréquence intensifiant les émotions. Le noir est d'une fréquence très basse et le rouge est stimulateur de l'émotivité. La combinaison des deux signifie : « Maintenant c'est moi qui commande (ligne brisée) en stimulant le champ émotionnel sur fréquence basse ».

Cet exposé de la méthode vous permet de construire votre propre ambiance régénératrice à travers une thérapie musicale mais, surtout, vous avez là des outils de protection contre les créations sonores destructives, susceptibles de vous affecter, ou contre les sons inappropriés à certains états.

Ainsi, nous nous rapprochons de l'avant-dernière
phase. Celle-ci se rattache étroitement à la suivante
et est d'une grande importance au sein
du Programme car elle constitue
notre façon occidentale de pratiquer le silence.
Pour les orientaux, le silence mental
s'obtient à travers une discipline garantie par des siècles
de pratique, livrée par leurs rites sacrés
qui enseignent comment atteindre le Nirvana (paradis)
à travers le Samadhi (illumination).
Pour ce faire, il est vital d'entrer dans le GRAND,
GRAND SILENCE, l'Octave mentale hors de notre compréhension
intellectuelle. C'est le vécu cosmique, libérateur.

LE SILENCE

PHASE IX

Pour nous, occidentaux habitués à un trafic mental de pensées, le silence est presque un événement qui nous est étranger. En effet, notre modèle culturel nous oblige à une pratique mentale intense pour atteindre les objectifs imposés par notre condition. On goûte au silence lors d'une paisible soirée champêtre : silence réparateur. Il existe aussi des silences « à couper au couteau », occasionnés par l'attente du déchaînement d'une action déclenchée par l'incitation d'une parole provocatrice : silence discordant.

Mais nous ne pensons pas au silence comme à un état de vide mental ni comme étant l'absence de vagues mentales. Nous ne l'associons pas non plus au « choix » de ne pas formuler de pensées négatives. Voilà quelques-unes des formes du SILENCE, qui sont indispensables pour pouvoir avancer sur le pont menant au grand Royaume. Voyons ce qu'est le GRAND SILENCE.

Comme notre fréquence mentale est rapide et accélérée, c'est à partir de cette même célérité que nous parviendrons à faire taire le mental.

Essayez de diriger votre pensée, de sélectionner ce qui entre dans votre sphère de réception, en provenance d'autres esprits. En somme, devenez maîtres de votre mental dans la dynamique qui lui est propre. Ce n'est qu'alors que vous franchirez le portail interdimensionnel, à la recherche de votre « cristal intérieur », où demeure votre Essence.

Supposons que vous ayez activé vos réseaux-énergie avec l'exercice de base.

- Confortablement installé, détendez-vous et commencez à découvrir ce à quoi vous pensez… Laissez les pensées qui vous entourent venir à vous et observez-les comme si vous étiez étranger à elles. Voyez comme se mélangent vos pensées et celles d'origine externe.
- Choisissez une pensée, recueillez-la, voyez-la comme un instantané photographique, alimentez-la d'autres pensées dérivées qui arrivent spontanément. Ensuite, lorsque vous en aurez composé un tableau vivant, lancez-le derrière vous et, en même temps qu'il disparaît, sentez-vous avancer vers votre portail interdimensionnel. Refaites l'exercice avec une autre pensée de votre choix et ainsi de suite, deux, trois ou quatre fois.

- Maintenant que vous avez nettoyé et maîtrisé votre environnement mental, mettez-vous à « élaborer » une pensée qui vous soit propre… Alimentez-la, voyez-la, condensez-la jusqu'à la sentir pleinement dans sa totalité (à ce niveau-là, le champ émotionnel commence à s'engager ; c'est le signe). Une fois la pensée saisie, comprimez-la, comme si vous fermiez l'image au point d'en faire une ligne verticale… Ensuite, réduisez son format en un point et lancez-le par le portail triangulaire en le voyant se perdre dans l'infini. Refaites cette pratique trois fois environ et, lorsque vous vous sentirez relativement libéré du tourbillon des pensées, sentez l'*être-énergie* que vous êtes et franchissez le seuil de la pinéale à la recherche de votre « cristal intérieur ».
- Celui-ci apparaîtra à un moment ou à un autre et sera unique quant à sa forme car il est votre « modèle énergétique supérieur », individuel. Lorsqu'il sera devant vous, pénétrez-le par l'un de ses prismes de couleur, celui qui vous conviendra le mieux. Une fois à l'intérieur, sentez et percevez… soyez. À cet endroit peut survenir l'inattendu. Mais je ne m'avancerai pas sur ce point et me contenterai de faire remarquer que seules des interrogations existentielles transcendantes peuvent être résolues dans cet espace.
- Une fois l'expérience terminée, revenez lentement en flottant jusqu'à vous situer de ce côté du portail illuminé. Et attendez…

LE COSMOS

ACCÈS À LA COMPRÉHENSION PLURIDIMENSIONNELLE

PHASE X

Maintenant, sentez à nouveau l'*être-énergie* que vous êtes, libéré de tout poids atomique, de toute densité discordante. Vous n'existez que dans votre réelle identité et, à partir de ce sentiment, vous vous préparez à votre prochain voyage. Vous allez vous rendre au-delà des confins de votre univers et de tout concept que vous avez de lui. C'est un trajet cosmique vous amenant à percevoir les lois le gouvernant dans ses différentes dimensions. Prêt ? Allons-y.

Vous vous trouvez devant l'espace infini et, de loin, s'avance vers vous un ruban déployé, comme un tapis roulant scintillant d'une lumière métallique. Il vous invite à monter sur lui pour vous transporter en tant que référence spatiale sur différents niveaux d'existence. Laissez-vous emporter. La promenade commence par une visite de la Voie Lactée.

Cette « promenade obligée », qui n'en est pas moins merveilleuse, correspond au « maillon » connu devant servir de pont référentiel au détachement postérieur, survenant aux autres points du voyage.

Parcourez la Voie Lactée, sentez-la, percevez-la. Que voyez-vous… ?

Maintenant, vous vous dirigez sur votre tapis mouvant vers l'espace profond… Vous apercevez un cercle tournant horizontalement comme un disque sur son support… Vous arrivez sur lui et montez. Vous commencez à tourner sur la droite … Que sentez-vous ? Que percevez-vous ? Que voyez-vous ?…

Faites tourner le disque sur la gauche et, tout en tournant avec lui, sentez vos réactions.

Une fois sorti du cercle, vous glissez dans l'espace et découvrez une spirale. Approchez-vous d'elle et intégrez-vous à son mouvement… d'abord vers le centre, puis vers les bords. Ensuite, descendez en même temps qu'elle et revenez au point de départ pour monter vers elle… Qu'avez-vous ressenti au cours des diverses expériences ? Qu'avez-vous vu ou perçu ? Retenez ces expériences, de même que les vécus précédents.

Au sortir de la spirale, votre route mobile vous emmène vers l'infini… Qu'est-ce que l'infini ?… Sensations… Perceptions… Que voyez-vous ?

Revenez vers la Voie Lactée, traversez-la… Loin, dans l'espace, un triangle lumineux flotte. Voyez de quoi il s'agit. En arrivant jusqu'à lui, vous verrez un espace infini et rayonnant s'ouvrir en son intérieur. Plongez-y. Vous voilà de retour.

Que s'est-il passé au cours de ce voyage ?

En intégrant le cercle, vous entrez dans la dimension espace-temps qui est la nôtre. En tournant sur la droite, vous tournez avec le système imposé, avec ce qui est établi dans le devenir logique, impliquant le passage par les processus traditionnels de l'histoire linéaire de l'humanité, qui sont la naissance, la plénitude, la décadence et la mort. En tournant sur la gauche, on sort de ce qui est établi. C'est la rébellion permettant l'ouverture à une autre conception de la réalité. C'est l'intrépidité, la lutte, la résistance à contre-courant, la recherche de la nouveauté. C'est l'histoire ascendante de la Terre. Vous verrez les temps forts qui la constituent.

La spirale est pluridimensionnelle. Vous pouvez percevoir depuis votre origine cosmique jusqu'à votre descente dans la matière, depuis le libre arbitre de l'être dans le choix éternel de ses chemins de vie jusqu'à la pluralité de mondes impossibles à discerner au travers de la conscience extérieure. C'est l'éternel mouvement universel en expansion.

Et l'infini est votre objectif cosmique, prêt depuis votre détachement – en tant qu'étincelle de feu – du Grand Soleil Central. C'est l'éternité telle que perçue par l'*être-énergie* libre que vous étiez au cours de ce voyage.

Nombreuses sont les expériences amenant les participants à vivre sans espace ni temps au cours de voyages aux séquences différenciées. Par exemple, certains passent des exercices de silence de la pensée à la spirale, puis au cercle. D'autres passent de la spirale au cristal intérieur et ensuite à l'infini, dans une parfaite chronologie d'expériences.

Il arrive aussi que certains devancent les indications. Lorsque l'indication est donnée, le protagoniste est déjà sur les lieux ou en train de vivre l'expérience en question, avant même d'en entendre parler.

Finalement, le « contact » entre deux seuils – la Voie Lactée au retour et le triangle de lumière auquel vous accédez – est le pont définitivement jeté entre deux univers : intérieur-cosmique et cosmique-extérieur. Ainsi, avons-nous donné forme à l'interaction de mondes, rendant possibles les manifestations de création divine sur ce plan de création humaine afin de récupérer le fil de lumière destiné à nous unir définitivement à notre Source originelle, si nous le permettons, l'activons et le sentons.

Dernier conseil : La pratique périodique de l'exercice de base peut et doit conduire au moment où l' *« être-énergie harmonique »* que vous êtes – et tous ceux qui constituent cette humanité – devient permanent, faisant de chaque jour un miracle lumineux.

Cette première grande étape du parcours sur le Pont vous a permis de vous rendre compte de qui vous êtes réellement, d'où vous venez et vers où vous allez, tout en recomposant les aspects créatifs de votre vie. Elle vous a également fourni d'importants vécus supérieurs, à partir desquels le doute n'a plus lieu d'être alors que vous vous dirigez d'un pas ferme vers le bout du sentier. Là-bas vous attend votre FOYER, ce foyer aimant, ce foyer béni, dont la nostalgie permanente vous a fait errer durant des éons de temps dans la création humaine, à la recherche d'une imitation, de quelque chose rappelant ce que vous aviez un jour connu.

D'où les déceptions, les erreurs, la souffrance à cause du voile de l'ignorance qui vous a séparé des éternelles réalités créatives présentes au sein du Père.

La mission touche à sa fin et se solde par un succès. Du plus profond de l'oubli, vous allez rapporter l'expérience et, avec elle, la transformation de tout ce que vous avez « touché » dans l'or alchimique de l'éternité. Ce livre contient la « clé ». Pratiquez-la.

**RAPPEL DU PRINCIPAL
COMMANDEMENT**

*« Tu aimeras le Seigneur ton Dieu de tout ton cœur,
de toute ton âme et de tout ton esprit...
et le prochain comme toi-même ».
De ces deux Commandements dépendent la Loi
et les prophètes* (Matthieu 22,37-39-40).

D'abord, la connexion à la Source Générique ou Père.
Puis, l'expansion de son Amour en chacun
à travers le soleil d'énergie de notre centre cardiaque.
Et finalement, l'expansion de ce soleil… jusqu'où nous le souhaitons…

7

NOTES COMPLÉMENTAIRES

LES CHANGEMENTS CRÉATIFS SONT MESURABLES

J'ai pris contact avec José María Reyes, radiesthésiste chilien connu pour ses réussites et guérisons dans le traitement du cancer et autres maladies, alors qu'il assistait à l'un de mes cours.

En activant rapidement sa glande pinéale, il put établir les premières mesures énergétiques résultant des hausses vibratoires dues aux exercices des différentes phases.

L'idée lui vint à la suite d'une expérience personnelle survenue au cours d'une pratique de la phase II de « Sensations en vol ». Il fut profondément frappé par ses résultats de guérison instantanée, ce qui l'incita immédiatement à mesurer ces processus à l'aide d'un biomètre à la prochaine occasion.

Cette occasion se présenta avec l'arrivée de mauvaises nouvelles qui lui provoquèrent de l'hypertension. Il décida alors de se rendre dans la Caverne de Lumière de la phase II dans le but d'y chercher un soulagement, non sans préalablement avoir mesuré ses énergies.

En arrivant à la caverne et en retrouvant le pouvoir luminique de l'endroit, on lui recommanda de se baigner dans cette lumière pour hausser ses énergies et guérir son être, ce qu'il fit. Alors, après s'être senti merveilleusement harmonisé, libéré du poids qui l'écrasait, il mesura une nouvelle fois ses énergies.

Les résultats obtenus sont les suivants :

- avant exercice : 4.000 unités d'énergie-lumière,
- après exercice : 8.000 unités d'énergie-lumière.

LE TROISIÈME ÂGE : UN ESPOIR CRÉATIF

Le Programme d'Extension de l'Université Catholique du Chili s'adressant à un public âgé a inclus ce cours sous le titre : « Rencontre avec l'auto-créativité par l'art ».

Les expériences recueillies à cette occasion ont été très stimulantes grâce aux effets produits en peu de temps.

En voici un exemple :

GRATITUDE

Il s'agit d'un témoignage de reconnaissance que je ne peux manquer de partager pour ceux qui pensent que la vie au troisième âge arrive à son terme.

Sans livrer bataille – peut-être parce qu'on ne sait pas comment s'y prendre – on abandonne les faux processus créatifs de vieillissement, qui succombent tôt ou tard à leurs propres créations imparfaites. Celui-ci montre comment on peut annuler les obstructions aux nouveaux patrons de perfection créative qu'il est possible d'obtenir en reconnaissant notre lien et découvrir notre *être-énergie* libre et harmonique.

Elle était l'une des 48 élèves du cours, de formation supérieure et retraitée, comme elle me l'expliqua à cette occasion. Sur le moment, je ne me souvenais pas de son nom mais je n'avais pas oublié son visage aimable et ses dessins. Elle me fit plaisir en me disant qu'elle était frappée par les effets obtenus suite à la pratique des exercices, à tel point qu'elle me montra une lettre qu'elle pensait me faire parvenir. En voici un extrait :

> « Le cours que vous avez donné au Centre d'Extension sur la créativité et l'Art a produit en moi des effets bienfaisants, non seulement en matière de créativité mais aussi d'un point de vue technique car j'ai pris de l'assurance au niveau des mains et j'ai perdu cette peur idiote de la feuille blanche. À cela s'ajoute une prise de conscience ; maintenant que je suis retraitée, je pourrais consacrer davantage de temps à la création picturale et m'exprimer à travers l'art plastique. Je me sens heureuse, n'éprouvant plus cette avidité, cette angoisse qui me paralysait les derniers temps de ma vie professionnelle. J'en ai également terminé avec ce « super ego », critique et destructif, dont j'ignore encore l'origine.
>
> Je vois devant moi un chemin totalement droit et dégagé, qu'il me faut remplir d'art plastique. Je contemple souvent la séquence de mes dessins inspirés

de votre cours qui me donnent l'impression d'être l'œuvre de quelqu'un d'autre. Ce que j'ai vu lors de la première séance est le même ange que j'ai vu en fin de cours, mais les couleurs fortes et criantes du début étaient devenues claires et lumineuses sur l'ange de la fin.

Je vous écris pour vous remercier de cette clarté que je vois maintenant en moi. Sachez aussi que je me sens petite en me souvenant des peintures de vos élèves indigènes du Nord que vous nous avez montrées lors de la dernière séance ». [15]

Votre élève reconnaissante.

Je termine ce chapitre destiné au troisième âge et à cette aventure qui nous faire grandir par une expérience reflétant assez bien l'impact créatif et transformateur du cours sur le participant :

« ...Je sortis en flottant et ne voyais que des courant de toutes les tonalités d'un bleu resplendissant. Je voyais aussi apparaître des courants avec de belles couleurs vertes. C'était bien des courants, pas des couleurs statiques. Je volais, volais et ne voyais plus que cela pendant un long moment.

Puis, soudain, apparut un immense et magnifique arc-en-ciel aux tons pastel et, à droite, une grande luminosité dorée qui en était la source.

Je poursuivis mon vol et vis les sons musicaux passer devant moi. Ne me demandez pas comment mais

15 Il s'agit d'un programme de développement de la sagesse ancestrale à travers l'Art des ethnies andines, réalisé par l'auteur de 1991 à 1993.

je vis les formes et savais qu'elles étaient des sons. Ce n'était pas des notes de musique.

Ensuite, je regardais vers le haut avec l'intention de monter. J'étais entouré d'un bleu merveilleux et, au milieu, je vis un tube qui pouvait m'aider à grimper. Il n'était pas compact mais formé de cercles concentriques, placés à une certaine distance les uns des autres, plus clairs que la structure les soutenant. Je me vis monter. J'avais du mal à gravir les derniers mètres. C'est alors que des êtres apparurent par la bouche du tube, me jetant des cordes par lesquelles monter.

Je me trouvais en haut lorsque trois belles portes géantes, d'un bois magnifique, firent leur apparition. La porte du milieu, qui était la plus grande, s'ouvrit devant moi. En entrant, je fus accueillie par trois êtres angéliques qui me conduisirent vers le centre.

Soudain, une puissante lumière dorée descendit des hauteurs et tomba en forme de triangle. En haut – au sommet – apparurent ces mots :

DIEU PÈRE CRÉATEUR...

Je n'arrivais pas à y croire !

Je ressentis une admiration indescriptible. Ce fut une expansion de mon être, aussi bien intérieure qu'extérieure. Je me sentis illuminée.

Mon émerveillement est tel que je souhaite aller au-delà. Telle est mon Amérique. Tout converge là-haut, au-dessus et sur les côtés, il n'est que Lui... »

UN CAS HORS SÉRIE

ATTENDRE L'INATTENDU...

J'espère que le cas que je vais maintenant présenter vous permettra d'abandonner vos schémas mentaux humains pour vous lancer dans l'abîme des réalisations surnaturelles, qui ne sont autre que la véritable réalité de la création divine s'exprimant à travers ses enfants. C'est le pouvoir de la foi, la certitude de l'invisible.

Parmi mes élèves se trouvait Gloria qui donne aujourd'hui des cours de développement personnel dans une ville proche de Santiago. Carmen, assistante sociale de la municipalité, assiste également à ses cours.

Gloria m'a demandé l'autorisation d'enseigner l'exercice de base à travers la cassette contenant les phases principales, si bien que son groupe de travail se mit à pratiquer les principes – que vous-même, lecteur, connaissez – obtenant de bons résultats.

Carmen fut tellement enthousiasmée des résultats qu'elle demanda la cassette pour l'enregistrer et le pratiquer individuellement, ce qu'elle fit durant une semaine, trois fois par jour. C'est alors que se produisit un fait sans précédent dans sa vie… et dans la vie de la plupart d'entre nous, pour ne pas dire de tous.

Ce soir-là, elle rentra de son travail plus fatiguée que d'habitude. La journée avait été longue et elle se disposa à se coucher de bonne heure. En voulant allumer sa lampe de chevet, elle découvrit que l'ampoule avait grillée. Elle retira l'ampoule, voulut la remplacer mais le sommeil fut plus fort et elle s'endormit profondément.

Elle se réveilla de bon matin, sans pouvoir se rendormir, si bien qu'elle décida de lire un peu. Elle s'assit dans son lit et alluma la lumière. Elle prit un livre et lut 18 pages, selon ses propres termes. Ensuite, elle sentit de nouveau l'envie de dormir et se disposa à éteindre la lumière. À cet instant, elle se rendit compte « avec horreur » que sa lampe n'avait pas d'ampoule. Elle avait oublié de la remplacer ! Comment la pièce avait-t-elle été éclairée tout ce temps ?

Il s'agit d'une personne pratique et équilibrée, consacrée à son travail social. Elle ne connaît pas de pratiques ésotériques.

Ses lectures n'ont rien d'extraordinaire. Au contraire, elle appréhende l'inconnu. Cette expérience la frappa tellement que, après l'avoir relatée, elle voulut l'effacer de sa mémoire pour ne pas avoir à l'affronter, avoua-t-elle.

Est-ce la pratique méthodique de l'activation de la pinéale et sa connexion à la Source Générique qui a produit ce miracle ? Les Sages de l'Orient, les grands yogis, les êtres avancés sur les chemins de l'esprit disent que l'une des premières réussites réalisées par les plus avancés est, justement, le pouvoir d'éclairer une pièce et de précipiter de l'eau dans une coupe. Toutefois, ils sont d'accord aussi pour préciser que, pour y parvenir, la route est longue. Cependant… c'est dans l'ordre du possible. Alors… pourquoi ne pas penser que l'expérience de Carmen soit due à sa discipline, pratiquant l'obéissance à la Source Générique ou Énergie Père, en actionnant la clé maîtresse de la pinéale, qui fait agir (l'un sur l'autre) les deux hémisphères cérébraux en les stimulant ?

Plus intéressant encore, le déclencheur de l'affaire a été l'absence de blocages mentaux, de schémas traditionnels humains acceptant les limitations du « c'est impossible », « c'est trop dur », « cela n'arrive qu'aux saints », etc. Si Carmen n'avait pas allumé sa lampe en se réveillant, lorsque la logique ambiante ne s'impose pas encore et que l'être est « en blanc », elle n'aurait jamais pu illuminer la pièce. C'est la certitude que sa lampe allait éclairer – l'oubli de l'absence de l'ampoule – qui a provoqué le « miracle ».

Tirez vos propres conclusions et prenez leçon de cet exemple extraordinaire, qui n'a pas à être expliqué… Il est, tout simplement.

TABLEAU RAYONNANT : L'ÈRE NOUVELLE DANS L'ART ?

(La reproduction du tableau de Daniela se trouve à la fin du cahier photo central)

Ce tableau est l'œuvre de Daniela, jeune femme de 19 ans. Il correspond à un vécu dans les espaces morphogénératifs, dessiné au pastel sec. Cette peinture est extraordinaire car elle a été observée par une femme d'un bon niveau professionnel. Celle-ci n'allait jamais oublier cette image, et pourtant, d'après elle, elle ne retient jamais ses visions. Et ce ne fut pas tout. Quelques jours plus tard, elle racontait :

Je passais en voiture par l'Avenue Santa María (à Santiago de Chile). En regardant du coin de l'œil la colline San Cristobal, j'ai soudain été frappée par un « flash » visuel et sensoriel en voyant la colline du tableau à la place de la colline San Cristobal, avec une intensité telle que j'ai eu la sensation d'une eau, de quelque chose de vierge, d'intense, de nouveau, comme si c'était une nouvelle dimension émergente de la nature, beaucoup plus forte que celle existant actuellement. Je ne m'attendais pas à cela. J'en ai ressenti un étonnement sans

limite, une grande félicité... jusque sur la peau. J'avoue ne pas être coutumière de ce genre d'expérience. J'ai les pieds sur terre. »

8

CHAPITRE SPÉCIAL

EXERCICE EXPÉRIMENTAL : LA PREUVE DE LA FOI

LA SOURCE DE LA JEUNESSE, HÉRITAGE DIVIN

Ce n'est qu'en activant votre « *Être-Énergie Harmonique* », c'est-à-dire votre lien avec la Source ou Énergie Père, que vous pourrez participer à cette expérience transcendantale qui vous amènera à vérifier en vous-même votre héritage divin manifesté sur ce plan physique.

Si vous avez suivi pas à pas les indications données dans ce livre et avez cru aux vécus relatés dans les différentes phases, alors vous êtes en mesure de pratiquer le prochain exercice, dont les résultats feront de vous le protagoniste d'une page de l'histoire de cette humanité, pas encore écrite et basée sur une connaissance jusqu'à présent attribuée à des miracles ou aux caractéristiques exceptionnelles de quelques initiés.

Pour écarter toute erreur, il convient d'approfondir certains aspects du fonctionnement de la pinéale, qui ont été traités scientifiquement par la recherche médicale ces dernières années.

Outre les informations et explications déjà fournies sur cette fameuse glande dans les chapitres précédents, certaines caractéristiques de son fonctionnement attirent l'attention des spécialistes du fait de l'importance vitale qu'elles représentent non seulement dans le domaine de la régénération cellulaire, c'est-à-dire du rajeunissement, mais aussi par rapport à son incidence sur la santé et la guérison de maladies aussi graves que les cardiopathies, le cancer, la maladie d'Alzheimer et le SIDA (grâce la stimulation du système immunologique dans le cas du SIDA). En plus de cela, il ne faut pas oublier le rôle qu'elle joue dans la suppression temporaire du système reproductif, comme on a pu l'observer sur des animaux. Et ce n'est pas tout : l'action de cette glande protège de la radiation *Gamma*.[16] Ces études se basent sur l'action produite par la mélatonine qui, comme nous l'avons vu, est l'hormone sécrétée par la glande pinéale. Cette hormone atteint sa puissance maximale vers les six ans. Ensuite, passée la puberté, les neurones communiquant la rétine avec la pinéale subissent une détérioration diminuant la production de cette hormone, qui est réduite de moitié aux alentours de 45 ans. Plus tard, chez l'octogénaire, la mélatonine n'est plus qu'un mince filet dans le torrent sanguin.

Une autre caractéristique de cette hormone est son influence sur les aspects créatifs, provenant de ses propriétés hallucinogènes. Si l'individu engendre dans son esprit des images

---

16 La radiation *Gamma* est négative. La radiation connue sous le nom de *Beta* n'affecte pas la vie. Elle est même bienfaisante si elle est correctement utilisée.

discordantes, celles-ci seront plus vives et claires, activant des expériences oniriques et l'accès à des mondes parallèles ou altérés de conscience aux conséquences atterrantes. Au contraire, les possibilités d'accès à des expériences extraordinaires sur des plans de conscience supérieure sont très élevées lorsque c'est l'harmonie mentale qui les déclenche.

EXPÉRIENCES À LA LOUPE

Dans un laboratoire expérimental, en Italie, l'immunologue Walter Pieropaoli[17] a inoculé à un groupe de souris âgées des niveaux de mélatonine correspondant à des souris jeunes, si bien que les souris traitées par cette hormone ont dépassé de plus d'un tiers la moyenne de vie de ces rongeurs. Les résultats ainsi obtenus ont incité son équipe à aller plus loin. Cette fois, il s'agissait d'échanger – par microchirurgie – les glandes pinéales de dix souris âgées contre celles de dix souris jeunes. Les résultats ne se sont pas fait attendre. Les animaux les plus vieux ont rajeuni de façon spectaculaire tandis que les plus jeunes ont vieilli à vue d'œil, présentant des difficultés motrices, la perte de leur poil, des cataractes, etc. Tandis que le thymus[18] des souris jeunes s'était atrophié, comme l'autopsie l'a démontré, les rongeurs plus âgés l'avaient totalement restauré.

Ces changements sont dus fondamentalement à la caractéristique de la mélatonine, qui stabilise les radicaux libres, responsables du vieillissement. Ces radicaux libres se trouvent

---

17 Expériences réalisées dans ce domaine rapportées par le magazine *Qué pasa* n° 1275.

18 Thymus : glande produisant les cellules T, contre les infections. Son atrophie intervient également de bonne heure.

dans l'oxygène que nous respirons, qui leur fournit les électrons dont ils manquent et qui provoquent leur instabilité. L'oxydation abîme, entre autres, la partie du cerveau qui envoie le message à la glande pinéale pour la production de son hormone.

L'oxygène, qui est vital pour nous maintenir en vie, contient des molécules hautement instables, appelées « radicaux libres ». Ces radicaux libres sont hautement associés au processus d'endommagement de la membrane cellulaire et de l'altération du code génétique. L'une des théories les plus acceptables sur le vieillissement est, justement, celle de l'endommagement accumulé de la part de ces particules qui sont, en plus, responsables d'une centaine de maladies dégénératives.

Parallèlement, aux États-Unis, une autre expérience était menée. À l'Université du Texas, l'équipe du docteur Russel Reiter[19] ont démontré que la mélatonine protège de la radiation, en traitant avec cette hormone des rats exposés à des doses mortelles de radiation. Pour voir les effets sur les êtres humains, on a pris des échantillons de sang dont on a irradié les cellules blanches. En y ajoutant de la mélatonine, on a réussi à prévenir les dégâts à 70 %.

La production de la mélatonine est intimement liée au sommeil et a lieu lorsque le véhicule physique est au repos. C'est d'ailleurs pour cette raison que la glande pinéale s'active surtout la nuit. Cette dernière agit comme une horloge biologique, induisant le sommeil pour activer sa production hormonale ; l'insomnie provoquant la diminution de sa productivité et, par conséquent, le risque d'accélération cellulaire et de baisse immunologique.

---

19 Expériences réalisées dans ce domaine rapportées par le magazine *Qué pasa* n° 1275.

Chapitre spécial

C'EST À L'INTÉRIEUR QUE PREND NAISSANCE L'EXTÉRIEUR

« Ce que vous faites au plus petit de mes frères,
c'est à moi que vous le faites »
(Jésus)

Tout ce que l'homme fait pour aider ses frères est considéré comme un acte constructif, surtout lorsque les outils se limitent à ceux de cette humanité et de notre réalité. Cela permet de comprendre les expériences menées sur des animaux pour trouver des remèdes aux maux affligeant l'homme d'aujourd'hui, sans pour autant les justifier. Un rapprochement de la science et de la religion autour d'une entente et origine commune permet à l'homme de comprendre et de pratiquer dans d'autres sphères d'action ses potentialités pour son propre bien et celui de ses congénères, sans avoir à recourir au sacrifice de vies moins développées au nom de la science.

En tournant son regard à l'intérieur de lui-même, le savant commence à entrevoir que tout ce qu'il a cherché à l'extérieur, ce qu'il a découvert extérieurement pour soutenir son devenir sur cette planète, n'est qu'une imitation de ce qui existe à l'intérieur de lui, une contrefaçon de ce qu'il est lui-même en puissance. Et pour se le prouver, une seule frontière à franchir : l'action.

Tout comme le téléphone détourne de la possibilité de développer la télépathie, la recherche de répliques de processus naturels en tant que panacées – comme c'est le cas de l'hormone mélatonine, encapsulée pour être ingérée en tant que traitement – n'aura qu'un effet limité à sa propre condition temporaire et fragmentaire. Il en est de même pour l'ordinateur, qui empêche de récupérer la mémoire et la base de données de la connaissance globale de la vie, ou pour la communication visuelle qui empêche de projeter la création de nouveaux mondes par la conscientisation de notre héritage divin (ayant droit, en tant que fils de Dieu, de recevoir notre héritage et de le mettre en pratique pour le bien de cette humanité).

Cependant, toutes ces expériences recueillies vont servir à entreprendre une aventure intérieure capable de balayer – par son succès total – toute action extérieure menée dans ce même sens. C'est pourquoi il est important de faire connaître les recherches qui ont été réalisées dans ce domaine qui nous intéresse.

LA DÉCOUVERTE INTÉRIEURE

Les traditions des civilisations antiques se rejoignent pour montrer le lien profond unissant l'homme aux potentialités divines. La cabale,[20] l'Arbre Séphiroth,[21] la création de l'homme et sa relation avec l'arbre du bien et du mal et l'arbre de vie au paradis, tel qu'il est mentionné dans la Bible, la représentation de l'homme-étoile de Léonard de Vinci, le Ying et le Yang ou équilibre des énergies ou polarités, toutes ces écoles tendent à montrer des clés qui, régulées, se structurent en un devenir cosmique, dont l'harmonie détermine l'accès à des créations de plus en plus proches de la perfection du Père. Plus on se rapproche de ce centre, plus grande est l'influence créative en manifestation, la radiation de sa Lumière paraissant déterminante dans les créations de Ses enfants. Au contraire, plus les créations

---

20 Héritage de la sagesse égyptienne, adopté par la tradition juive.
21 Héritage de la sagesse originelle du peuple d'Israël.

de l'homme s'éloignent de cette origine ou lien de radiation générative, plus elles deviennent imparfaites.

De même que les traditions spirituelles de l'humanité montrent ces rapprochements-clés avec les sources supérieures pour atteindre la réalisation, la science actuelle commence à mettre en lumière ces mêmes mystères de l'expérience terrestre. Ses résultats – qui sont souvent rattachés à une imitation créative dont la portée demeure limitée – ouvrent une porte communicante entre science et tradition ou matière et esprit. C'est ainsi que se déroule l'écheveau et que nous trouvons à l'intérieur de l'homme l'infini et la création permanente. De là, on peut extraire la vérité de la vie qui, sans commencement ni fin, est disponible pour être modelée selon le degré de connexion et d'harmonie avec la Grande Présence Divine, ce qui se traduit par plus de vie, de perfection, d'Amour et de Lumière.

Voilà ce que cache notre intérieur, ni plus ni moins que la totalité, l'union avec la perfection, la grande création, dont nous sommes séparés par la condition discordante, étrangère et ignorante de la personnalité humaine. Les concepts limités à la pseudo-réalité que nous voyons ne sont que la conséquence de nos propres créations car, avant d'être sur le plan physique, ils doivent être créés mentalement et par le sentiment. Qui plus est, ces créations de vie se meuvent dans l'invisible à plus ou moins grande accélération atomique, si bien qu'elles prennent forme selon leur degré vibratoire et les caractéristiques de leur composition moléculaire.

Notre véritable condition, encore voilée par d'obscurs tabous, se trouve dans chaque cellule de notre corps, dans chaque terminal nerveux, dans chaque neurone cérébral, dans chaque glande, dans chaque organe, dans le sang et dans chaque battement de cœur. Toutefois, son usage n'est dévoilé qu'à celui qui a accompli la mission dont l'a chargé le Père en partant.

Alors, obéissant et de retour, il s'avance dans les jardins de la maison paternelle tout en embrassant du regard l'étendue de son héritage. À chaque pas qu'il fait sur les terres de son Père, les splendeurs de son héritage l'éblouissent et l'emplissent de plénitude et de félicité. En revanche, ceux qui n'ont pas accompli leur mission verront les voleurs venir à leur rencontre et, tout en leur arrachant le peu qu'ils ont, les rendront méconnaissables aux yeux du Père et leur héritage se dissipera avant même qu'ils ne s'en rendent compte. Tel est le risque encouru par l'humanité oublieuse de son origine et de son humilité face au lien.

L'HEURE DE LA VÉRITÉ

L'opportunité qui vous est offerte de stimuler la glande pinéale avec des objectifs précis, impliquant les thèmes traités dans les recherches médicales que j'ai décrites auparavant, vous situent – aussi bien vous que moi – face à une tâche commune consistant à ouvrir la voie à une nouvelle réalité, devant mettre en déroute la création humaine (au moins la nôtre) pour la remplacer par la parfaite création du Père dans le fils ou du fils dans le Père. Dès lors, les possibilités de voir une nouvelle humanité se relever de ses limitations auto-créées pour entrer dans le grand concert cosmique se seront concrétisées. Espérons que la foi que j'ai tenté de vous inculquer, avec exemples et certitudes, réalisera le miracle ou, plutôt, rendra naturel le « surnaturel ».

Chapitre spécial

DESCRIPTION DE L'EXERCICE

Je vous invite maintenant à activer la production de mélatonine.

En déclenchant *l'être-énergie* harmonique, selon la méthode que vous connaissez, vous êtes en mesure d'actionner sans risques votre propre batterie électronique à la recherche des contacts appropriés aux résultats attendus.

Notre but est la production de cette hormone, de façon contrôlée et naturelle, pour les effets dont nous avons besoin et selon nos ordres.

Rappelez-vous que, si vous n'êtes pas un enfant de 6 ans, la zone de votre cerveau habituée à donner les ordres de production de cette hormone, a vu baisser son efficacité.

C'est le moment de l'activer. Cela s'effectuera par un ordre supérieur déclenchant une action parfaite. Tout part de la Source à laquelle vous vous êtes intégré et passe par votre intercession personnelle.

Vous avez remarqué que la sécrétion de la mélatonine se produit lorsque le véhicule physique est au repos. C'est comme si votre corps était en réparation pendant que vous jouissez de votre être réel dans d'autres sphères de vie ou de conscience. C'est la période de sommeil ou repos nocturne, mais c'est une erreur de croire que la pinéale ne peut s'activer en plein jour du fait de la relation qui existe entre son activité glandulaire et l'action de dormir profondément.

Dans ces conditions, vous rendez-vous compte de l'importance de la relaxation rapide et consciente que vous devez faire avant d'activer votre *être-énergie* harmonique ou de connexion ? Le comprenez-vous bien ?

L'activation et la stimulation de la glande pinéale établit définitivement le lien énergétique : Père-Mère-Amour-fils énergétique, connectant l'être physique, de l'intérieur, au véritable principe créateur : le cœur, en tant que moteur central de l'allumage cérébral vers sa « puce » centrale.[22] La hausse de voltage donne ainsi lieu à la perfection de l'action créative de l'homme et à la transmutation de la puissance antérieure provenant du noyau de pouvoir ou énergie de base reproductrice (kundalinique), dont l'usage indistinct, par ignorance, est cause d'erreurs dégénératives. Maintenant, souvenez-vous du paragraphe traitant de l'action de la mélatonine en tant qu'inhibitrice temporaire du système reproductif. Cela s'explique à travers son influence sur la baisse de production d'une hormone sexuelle. Prenez note de la relation qui apparaît. Ne pensez-vous pas qu'il existe un blocage important de la réalité humaine ? Demandez-vous, toutefois, s'il ne pourrait pas exister une meilleure façon de se reproduire ou s'il en existait une à l'origine. Peut-être était-ce à travers le cœur que naissait la vie et l'amour, la semence germinatrice. Quoi qu'il en soit, l'effet obtenu par activation de la glande pinéale est hautement bénéfique, comme vous pouvez le constater. Et c'est ce qui importe.

L'oxygène, si important dans cette vie, a ses bémols, comme nous l'avons vu, et ses particules oxydantes endommagent notre véhicule physique, au point de le conduire pas à pas, parfois brusquement, vers la dégénération et la mort.

Voyez maintenant la relation avec le moment de l'exercice où vous activez votre réseau de syntonie avec l'énergie mère, à travers l'expansion de votre soleil bicolore dans le centre cardiaque. Vous en souvenez-vous ? Eh bien, vous avez là la clé permettant de contrecarrer ces effets nocifs. Votre glande pinéale fait le premier pas lorsque, illuminée comme une perle incandescente, elle établit le premier lien de connexion avec

---

22 « puce » centrale (ou « chip » » en anglais): on compare la connexion à la Source Générique avec le processus des réseaux informatiques.

l'Archétype UN ou Énergie Père pour donner lieu à l'expansion du Soleil Amour.

Et ainsi, l'une après l'autre, s'établissent les liaisons entre les activations internes et les expériences externes. Cependant, nous n'en sommes pas encore à l'exercice précis déterminant le succès de cette entreprise. Les processus créatifs, la régénération cellulaire, la protection immunologique et autres objectifs se mettront en marche lorsque l'activation correcte terminera entre les mains aimantes de notre unique Père éternel, qui est à l'origine première de cette humanité.

PRATIQUE

Recommandation : Dans votre pratique (décrite au sein de ce livre), n'essayez pas de sauter des étapes car un bon résultat dépend de la pleine maîtrise de l'activation et stimulation de la glande pinéale, ainsi que des expériences d'accès aux mondes de création supérieure ou espaces morphogénératifs. L'athlète ne parvient pas à la victoire sans s'être durement entraîné et le médecin ne peut effectuer d'opérations chirurgicales sans être passé par sept années d'études et par une pratique soutenue et progressive de sa profession.

Le développement de ces facultés doit se faire dans un but de « service », c'est-à-dire avec l'intention de les mettre à la disposition de ses semblables et de l'entourage, soit par radiation du spectre harmonique d'influence curative, soit par diffusion de ces facultés à travers leur enseignement à ceux qui en font la demande ou sont dans le besoin, toujours dans l'acceptation du lien générique supérieur.

Votre être-énergie harmonique se trouve activé, conformément à l'exercice de base. Votre corps ne gêne pas. Il est détendu et sent l'activation de ses réseaux de connexion, syntonie, transfert et protection totale. Vous êtes redevenu un être harmonique relié à sa Source. La glande pinéale est profusément illuminée et le seuil luminique fait son apparition. Vous ressentez la pression physique autour de votre tête, dont les deux hémisphères sont connectés par la lumière à à travers une activation d'interaction, obéissant aux ordres donnés à travers la pinéale.

Vous SENTEZ ou VOYEZ la pinéale, incandescente, établir son lien avec la Source à travers les rayons verticaux de l'arc-en-ciel, en même temps que descendent vers votre centre cardiaque les rayons or et roses formant le soleil qui se répand au rythme harmonique de votre respiration. Sentez alors ce soleil en expansion, par radiation, n'acceptez de l'air, de l'oxygène que nous respirons, que les éléments égalant sa perfection, dissolvant tout élément inférieur ou nuisible à la vie. Vous pouvez même apercevoir des émissions pulsantes de couleur bleu-néon dissoudre ces particules.

En même temps, sentez les couleurs de l'arc-en-ciel traverser vos mains pour se prolonger en rayons lumineux et la spirale violette monter sous vos pieds jusqu'à se fondre dans les couleurs dansantes de l'arc-en-ciel au-dessus de vous. Vous vous trouvez alors en mesure de donner un ordre supplémentaire de régénération cellulaire, complétant l'exercice de fond. Ajoutez-y la vision ou sensation d'irrigation lumineuse, comme s'il pleuvait des corpuscules scintillants en provenance du cervelet. Prenez le temps qu'il faut pour que cet ensemble d'expériences s'intensifie et soit remarquablement ressenti.

Portez votre attention sur la glande pinéale, sans cesser de ressentir les activations précédentes et intensifiez votre sentiment d'amour produit par le fluide provenant de la Source et ancré dans le cœur. Augmentez-le par le sentiment de gratitude, qui est plus facile à extérioriser. Avec ce sentiment, sentez ou voyez s'intensifier la lumière de la pinéale jusqu'à devenir aveuglante. À ce moment-là, en même temps que vous voyez et sentez le processus se déchaîner, donnez-lui l'ordre de séparer son énergie potentielle à travers son hormone – la mélatonine – qui, immédiatement, parcourra, par des pulsions de plus en plus régulières, votre torrent sanguin, régénérant ainsi vos cellules. Ce processus doit se maintenir jusqu'à atteindre une intensité d'activation dont le point critique d'effectivité sera détecté par un sentiment de certitude de son accomplissement correct. Vous pouvez appuyer cette action par la visualisation de vagues de lumière or inondant votre corps. Sentez à tout instant votre lien avec la Source.

Ce même exercice sert à obtenir l'immunité, en remplaçant l'ordre par cette nouvelle précision. En même temps, le sentiment et la visualisation doivent correspondre à la lumière provenant de l'irrigation depuis la pinéale, transmutant toute imperfection à travers une luminosité bleu ciel. Cet exercice doit continuer jusqu'à ce que vous ayez la certitude de sa pleine activation. La lumière verte visualisée ou sentie postérieurement à la lumière bleue est également bénéfique.

Même chose pour réguler le processus du sommeil ou pour toute autre manifestation réparatrice ou préventive nécessaire. Le temps approximatif de cette pratique dépend de la faculté de déclenchement des activations, qui deviennent détectables par les sensations et/ou visions.

Il faut savoir que le pouvoir générateur de tels changements se trouve dans la lumière et son spectre. Par conséquent, le plus important est de sentir l'intensité luminique en action en tant que lumière scintillante.

Si, après cette pratique, vous avez sommeil, allez dormir. Les ajustements énergétiques et les pouvoirs en jeu produisent cette réaction bienfaisante de récupération nécessaire.

Si vous avez la tête qui tourne, ralentissez l'exercice jusqu'à réduire le malaise. L'activation de la production de la mélatonine produit ce genre d'effets qui sont tout à fait normaux. Toutefois, il est important que l'expérimentateur garde son calme. Il ne doit pas attribuer un tel état à une altération de sa santé.

La fréquence de la pratique déterminera son effectivité croissante. Rappelez-vous que la pinéale, une fois activée par cette méthode, continue son action, mais sa stimulation, qui déclenche les changements définitifs, doit faire l'objet d'un entraînement jusqu'à la récupération de sa fonction originelle. La pinéale n'est pas que cela. Sa véritable fonction est d'ouvrir les portes du ciel sur le chemin du retour. L'Ange à l'épée de feu – gardant l'entrée du Paradis pour en interdire le retour à l'homme « auto-exilé » dans la désobéissance – en devient le guide lumineux qui, dans l'humilité, obéit à l'énergie rectrice du Père.

REMARQUE

Le succès de ces pratiques dépend de votre capacité à maintenir votre être-énergie harmonique activé le plus longtemps possible car chaque sentiment ou pensée destructive, dévalorisante, efface les effets obtenus, vous replaçant à la merci des agents dégénérescents.

C'est pourquoi, chaque fois que cela arrive, effacez votre propre création destructive par le sentiment du pardon, qui n'est autre qu'un nettoyant énergétique de haute puissance. Pardonnez-vous à vous-même afin d'avoir la force de pardonner à autrui. Les erreurs reconnues et oubliées, qu'elles soient vôtres ou celles d'autrui, sont la catapulte permettant d'avancer en apprenant.

Vous découvrirez, par la pratique méthodique, qu'il est de plus en plus facile de maintenir l'état harmonique et d'union, sans avoir à recourir à la volonté. Un jour viendra où un tel état sera permanent et vous entrerez alors dans un grand et éternel présent lumineux comme le soleil à son zénith. C'est alors que le « miracle » devient naturel.

L'un de mes Maîtres bien-aimés m'a donné ce conseil pour mener à bien mes entreprises :

Organisation

Méthode

Action

Tout travail a besoin de ces trois conditions pour aboutir. Je partage avec vous ce conseil qui vous permettra, dans le tourbillon de cette vie, de disposer en équilibre du temps et de la volonté pour obtenir la victoire dans la Lumière de Dieu jamais défaillante !

9

GLOSSAIRE

CORPS PITUITAIRE :

La glande pituitaire est située à l'arrière des yeux et est connue en tant qu'élément récepteur de la pensée. Dans le domaine de la télépathie, on l'appelle « l'interrupteur » car elle connecte en émettant et déconnecte en recevant.

Cette glande formant le corps pituitaire est considérée par la science médicale comme la glande maîtresse du corps. Elle produit ses propres hormones et influence la production d'autres hormones de l'organisme.

DIMENSION SPATIO-TEMPORELLE :

Elle correspond à notre troisième dimension, où tout se trouve circonscrit à un devenir spatio-temporel formant passé, présent et futur et où le déplacement est nécessaire pour se rendre d'un endroit à un autre ; la distance déterminant le temps à mettre pour y parvenir.

Ces limitations ne se trouvent que dans notre sphère d'action. À des niveaux supérieurs d'expression de vie, elles n'existent pas.

DISPERSION CRÉATIVE :

Perte du lien conscient avec la Source Générique d'énergie, donnant ainsi naissance au bon ou mauvais usage de l'énergie, qui n'est plus soumise à la direction harmonique permanente capable d'équilibrer parfaitement la création humaine. C'est cette rupture du lien originel qui donne naissance aux modèles de vie dans lesquels se débat l'humanité actuelle, en proie aux désajustements émotionnels, physiques et mentaux.

ESPACES MORPHOGÉNÉRATIFS :

Lieu où la matière prend forme. Il s'agit d'espaces de création supérieure illimitée, auxquels on accède par stimulation de la glande pinéale et interaction luminique avec le corps pituitaire. Ce terme est propre à la Méthode Cyclopea d'activation interne de la glande pinéale, créée en 1992.

ÊTRE-ÉNERGIE :

Nous sommes tous des êtres-énergie ou êtres-lumière, pourvus d'un véhicule physique nous permettant l'existence dans la dualité atomique, limitative. À travers le processus de changement appelé « mort », l'homme retrouve son être originel. Il est possible, via l'activation de la pinéale, de retrouver, en conscience et définitivement, le souvenir et le vécu de l'être-énergie libre et harmonique, à condition d'accepter par le sentiment et la visualisation le lien avec l'Énergie Père.

FORMES-PENSÉE :

Ce sont des émanations détachées de la masse psychique entourant notre atmosphère jusqu'à 2.300 mètres d'altitude. Elles sont faites des pensées et actes de l'humanité et ont pris forme sous l'impact énergétique agglutinant produit par l'intensité de leur émission. Cette intensité est proportionnelle à la force du sentiment qui les a lancées.

Ces formes-pensée accèdent à la vie propre dès qu'elles atteignent la « masse critique » qui le leur permet. Ces espèces d'« entités » créées par l'homme, lui-même, l'affectent en intensifiant son pouvoir harmonique ou discordant. On les trouve davantage dans les grandes condensations urbaines, où elles sont considérées comme de véritables « entités citoyennes ».

GLANDE PINÉALE :

Elle est située au centre du cerveau et sa taille ne dépasse pas celle d'une lentille. Il y a peu de temps encore, la science médicale la considérait inutile. Cependant, ces dernières années, l'opinion a bien changé. La pinéale est devenue une curiosité médicale du fait des innombrables surprises qu'elle fournit aux chercheurs.

Cette glande est considérée par la science initiatique comme la véritable glande maîtresse. Elle est le transmetteur de la pensée et constitue un terminal positif. Elle est connue comme le « Troisième Œil », bien que ce ne soit pas son unique fonction, loin de là. Elle est la porte d'entrée au Paradis qui rend allégeance au Père, s'unissant consciemment et amoureusement à Lui.

LOI UNIVERSELLE :

Des lois immuables dirigent le cosmos et leur compréhension nous dépasse. Toutefois, vivant en son intérieur, l'action de ces lois nous concerne et nous sommes soumis à leur inexorable influence. Les lois qui nous régissent dans notre octave physique sont celles qui gouvernent la tridimensionnalité et notre forme de vie atomique, comme la loi de la polarité, entre autres. Lorsqu'il y a contravention à l'une ou l'autre de ces lois, on tombe sous l'effet compensateur de l'équilibre cosmique et ses conséquences doivent être affrontées jusqu'à ce que les « délais » soient atteints ou que la bonne décision créative permette des dispenses.

MASSE CRITIQUE :

Condensation énergétique suffisante pour donner naissance à un effet permanent ou multiplicateur. Un tel résultat s'obtient en réunissant le nombre nécessaire d'émetteurs sur une même fréquence ou intention créative. À partir de ce « momentum », l'événement voulu se produit.

MÉLATONINE :

Hormone sécrétée par la glande pinéale. Jusque dans les années 60 cette hormone était considérée sans importance, tout comme la glande la produisant. Au cours de cette décennie, de nouvelles recherches ont déterminé que cette substance était fondamentale dans la protection des êtres vivants contre les effets nocifs de l'oxygène car c'est un antioxydant naturel, qui évite la prolifération des radicaux libres, responsables de la détérioration cellulaire et du vieillissement. Aujourd'hui, elle est déterminante dans les processus curatifs de maladies telles que le cancer, la maladie d'Alzheimer, le SIDA et les maladies cardiaques.

De nos jours, la mélatonine est vendue sous forme de capsules, comme une panacée de la fontaine de jouvence.

MODÈLE ÉNERGÉTIQUE INDIVUEL :

Chaque homme est un ***être-énergie*** unique, détenant son propre modèle énergétique individuel qui, comme un « kaléidoscope » multicolore, forme son patron particulier et même s'il présente des ressemblances avec d'autres, il n'est jamais identique.

C'est ainsi que l'***être-énergie*** qui s'est retrouvé en harmonie permet de retrouver la possibilité de stimuler les caractéristiques individuelles déterminant une zone de pouvoir et d'influence unique, débouchant sur la participation commune dans l'unité de tous les kaléidoscopes reliés à la Source Générique.

NOYAU DE POUVOIR OU ÉNERGIE DE BASE (ATOMIQUE) :

Siège énergétique de pouvoir correspondant à la zone sexuelle. Dans la création humaine, cette énergie dirige les impulsions émotives, sentimentales et mentales, usurpant le véritable gouvernement énergétique provenant de la Source

Générique ou Énergie Père. Lorsque cette dernière est présente consciemment en l'homme, ce noyau se met à son service, en même temps que la réserve de pouvoir ou zone des émotions. Ainsi, l'équilibre est parfait entre les trois grands courants d'énergie créative : Amour, Sagesse et Pouvoir.

OCTAVE SUPÉRIEURE D'EXISTENCE :

Notre niveau d'existence est connu sous le nom d' « octave physique » et se trouve régi par des lois universelles déterminant ses pouvoirs et limitations. L'univers entier se meut d'octave en octave. Des exemples de cette règle universelle abondent dans notre propre octave physique : le spectre des couleurs, l'échelle musicale, les vibrations électromagnétiques, les sept « chakras » ou centres d'énergie du corps physique, etc. Notre octave est dense et sa vibration est atomique. Par conséquent, elle est soumise à la loi des polarités et à l'emprise de l'espace et du temps. Dans l'octave supérieure ou octave de lumière supérieure, les lois sont différentes quant à leurs effets car il s'agit d'une octave subtile électronique, hors de notre temps et de notre espace. Toute vie existant dans ces sphères correspond à une octave de vibration supérieure à la nôtre. Seuls des êtres luminiques, correspondant à ce niveau supérieur de vibration peuvent y vivre. Certains exercices d'activation de la pinéale permettent d'accéder en conscience à ces niveaux de perception et d'en rapporter l'expérience de vécus épanouissants. Cette octave supérieure n'a rien à voir avec les sphères astrales faisant partie des sept niveaux d'existence de notre propre octave. Par conséquent, il ne faut pas confondre avec des formes de vie supérieure des êtres désincarnés habitant les niveaux de notre octave, sur des plans plus subtils mais pas nécessairement plus élevés.

POUVOIRS « PSY » :

Ils ont à voir avec la faculté étendue de l'homme d'accéder à un usage plus vaste de ses potentialités cérébrales. L'humanité n'utilise que 10 % de sa capacité cérébrale. Par conséquent, il reste 90 % d'expression créatrice inutilisée. Les êtres d'exception parviennent seulement à 12% de leur potentiel.

Parmi les facultés « psy », citons la télépathie, la télékinésie, la lévitation, la prémonition, l'ubiquité, etc., spontanément activées chez certaines personnes qui, pour autant, ne maîtrisent pas ces arts et techniques.

RÉSERVE DE POUVOIR :

Elle est située dans la zone stomacale et s'étend jusque sous le diaphragme. C'est le siège des émotions, alimenté par la faculté d'exprimer le sentiment. C'est à travers cette force émotive que surgissent les événements créatifs – positifs ou négatifs – selon l'élément qui les aura déclenchés.

Cette réserve de pouvoir s'épuise à travers la dispersion énergétique créative des pleurs, des cris, de la colère et de toute expression non maîtrisée. Lorsque l'homme est relié à sa Source Générique, cette réserve ne s'épuise pas. Au contraire, elle se renouvelle en permanence, contribuant ainsi au succès de réalisations créatives de vie plus grandes et d'une perfection croissante.

RÉSEAU D'ÉNERGIE HARMONIQUE :

C'est l'état final de l'homme en tant qu'équilibre énergétique de vie. C'est sa propre densité créative qui l'a amené à s'éloigner de cette harmonie naturelle qu'il est lorsqu'il est relié à sa Source Générique consciemment, à travers des méthodes induisant cette union. Généralement, ces méthodes sont exposées dans différentes voies spirituelles, dont le Christianisme.

SOURCE GÉNÉRIQUE :

C'est le modèle originel créatif, d'où émane toute « vie », toute énergie et qui, de ce fait, en détient la conduite harmonique. Lorsque nous sommes en union avec lui, il n'y a aucun besoin d'utiliser des énergies et leur usage ne peut être mauvais. Au contraire, il y a une utilisation correcte et une émission volontaire et créative dans une harmonie et une perfection toujours croissantes. C'est la perte de ce lien énergétique primordial qui a provoqué en l'homme la faculté de l' « utilisation énergétique créative imparfaite », dont les résultats sont l'impermanence, l'erreur et les processus autodestructifs. Cette séparation est connue comme la désobéissance au Père, l'ange déchu et/ou Adam et Ève chassés du Paradis. C'est à partir de là que les portes du ciel se sont fermées jusqu'à ce que l'homme, consciemment et librement, se relie au Père en tant que fils obéissant.

UNITÉ CRÉATIVE :

Liaison consciente avec la Source Générique ou Énergie Père permettant de diriger harmonieusement le processus créatif de l'être à travers l'élévation de voltage de son équipement, afin que celui-ci serve à exprimer un mode de vie plus parfait, à l'image et à la ressemblance du Père. L'unité créative permet l'invisibilité, l'insensibilité et l'invulnérabilité à toute création énergétique d'une vibration inférieure à celle dirigée harmonieusement depuis la Source.

UNITÉ ÉNERGIE-LUMIÈRE :

Mesure utilisée par la radiesthésie pour capter l'intensité vibratoire de l'énergie dans sa fréquence la plus haute ou la plus basse. L'opération s'effectue à l'aide d'un « biomètre », qui est un graphique contenant le code numérique de mesure.

VÉHICULE PHYSIQUE :

C'est le corps humain, permettant à l'***être-énergie*** d'habiter cet univers tridimensionnel et d'y agir dans les limites de la condition atomique, faite de dualité et de polarité.

10

COMMENTAIRES

Parmi les facultés caractéristiques de l'homme, l'une des plus surprenantes consiste à combiner éléments, idées et expressions formant des complexes stables et équilibrés, qui transmettent « quelque chose » censé être compris par d'autres.

Cette faculté est exercée par tous les êtres humains de façon permanente, depuis le nouveau-né qui pleure pour nous saluer et annoncer son incorporation à la société jusqu'à l'adulte prévoyant sa mort et exprimant sa volonté concernant son patrimoine.

Bien que toutes les structures de la communication s'appuient sur l'exercice de cette importante faculté, que nous pourrions appeler « créativité », nous savons peu de chose sur sa mystérieuse façon de procéder et, généralement, les études s'en tiennent à la description du phénomène de « créer », abordant rarement les moyens de le développer.

Parmi les créations humaines, il est une fonction très importante, utilisée pour développer les personnes et les faire participer à la vie communautaire – l'Éducation – qui transmet des connaissances et stimule les conditions créatives.

Malheureusement, la tendance à l'empirisme positif, à l'évaluation des objets et actions comme « utiles » ou « convenables » en termes matériels, déforme la faculté pure de la créativité en détournant les intérêts de l'élève vers l'accomplissement de tâches empiriques et matérielles. C'est ainsi que l'Art apparaît presque comme inutile, alors qu'il est la forme la plus sublime d'exprimer notre propre vie. L'éducation artistique consiste à connaître et mesurer le succès et la notoriété susceptibles d'être atteints par l'artiste, dont les œuvres circulent sur le marché comme des objets commerciaux et de collection. Jamais personne n'a expliqué aux enfants que tous les êtres humains sont artistes dans leur tête et que la seule différence entre eux réside dans leur habileté technique au niveau de la « création ».

Pourrait-on vivre sans expression artistique, sans envoyer ni recevoir ces messages mystérieux exprimant l'identité de chacun ?

S'il en était ainsi, cela reviendrait à nous priver de l'usage de l'un de nos sens et à nous sentir diminués face à la vie, comme le sont les aveugles, les sourds, les muets, les paralytiques, etc., obligés de remplacer les fonctions qui leur manquent par d'autres formes d'action.

Malgré l'importance du sujet, peu ou rien n'existe en matière de livres instructifs pouvant nous orienter dans la tâche de canaliser et projeter la créativité que nous possédons tous et que, généralement, nous réprimons ou dédaignons.

L'être humain a, dans sa dimension spirituelle, des possibilités insondables que lui-même ignore et la façon la plus enrichissante de vivre est de partir à leur recherche, rendant ainsi le quotidien passionnant. La psychologie a développé depuis un siècle d'intéressantes théories sur le sujet mais qui ne servent qu'à connaître le processus mental plutôt qu'à apprendre à l'utiliser.

Ce livre de Fresia Castro, en revanche, est un apport généreux, par lequel l'auteure nous incite à sonder ce qui nous semble insondable, à trouver les voies de l'esprit. Il s'agit d'une publication unique en son genre, destinée à ouvrir, agrandir et élever le lecteur pour l'amener simplement à vivre en plénitude.

Il est impossible de résumer ou d'abréger ici tout ce que l'auteure souhaite généreusement partager avec le lecteur car il est des choses qui doivent être lues avec la même splendeur qui a inspiré leur rédaction.

ROBERTO ESCOBAR
Santiago de Chile, novembre 1996
Professeur, Université du Chili

La majorité des discours et des instances que nous offre notre société actuelle nous poussent à devenir de parfaits constructeurs de « réalités matérielles » et nous vouons entièrement notre vie à cela, convaincus que le bonheur se trouve dans la matérialité.

Mais c'est justement en nous rapprochant de cette réalité que nous nous éloignons de la Terre Promise. Sans savoir pourquoi, nous nous retrouvons face à un vide immense, une angoisse désolante, et la frustration finit par nous gagner. Ainsi, pour combler ce vide, certains se complaisent dans la matérialité, s'éloignant toujours plus de leurs propres rêves. Mais d'autres préfèrent aller chercher les raisons de cette discorde pour réajuster leur trajectoire. Et tous finissent par comprendre que tout cela découle d'une chose très simple : l'extrême attention que nous avons donnée aux nécessités de l'existence répond à un besoin supérieur. Le déséquilibre qui régit une grande partie de notre « monde occidental » et qui nous conduit à cette perpétuelle insatisfaction est provoqué par la perte de la mémoire ancestrale, cette mémoire qui nous permet de vivre et d'évoluer en constante harmonie avec le Tout.

De nombreux chemins s'ouvrent à nous pour nous aider à récupérer nos capacités originelles et devenir les maîtres absolus de notre vie. Mais les barrières de notre propre éducation nous ferment à nouveau les portes de cette nouvelle voie. En effet, ces chemins – qui ont toujours existé – exigent une véritable discipline et un dévouement totalement étranger à notre mental pragmatique et conditionné par l'avancement accéléré de la technologie.

Combien d'entre nous seraient prêts à dédier cinq ou dix ans (voire plus) pour observer le vide dans la position du lotus, essayant de dominer tant bien que mal notre activité mentale, mangeant peu et adoptant un mode de vie sain et rigoureux ?

Le livre de Fresia Castro est un cadeau miraculeux qui nous offre, avec une incroyable générosité, la Méthode Cyclopea d'activation interne de la glande pinéale. Il réunit toutes les conditions requises pour atteindre l'harmonie et récupérer notre héritage divin.

Je parle de miracle car cette méthode – d'une facilité et d'une simplicité déconcertantes – est incroyablement agréable. Elle ne demande pas beaucoup de temps et n'exige pas d'efforts excessifs. Elle ne nous oblige pas non plus à changer totalement de vie et nous invite à être notre propre maître. Fresia nous délivre tous les outils qui pourront nous aider à avancer seul sur notre chemin, sans guides, ni sacrifices.

En suivant bien les étapes développées dans ce livre, ou en assistant aux séminaires de Fresia, vous pourrez constater par vous-même les incroyables résultats de cette méthode.

Mais ce livre, *Le Ciel est ouvert*, ne délivre pas simplement une méthode, il dévoile les mystères de l'existence à travers tous ses aspects. Avec un regard holistique – fruits de ses nombreuses études, expériences et recherches – Fresia nous donne les clés pour répondre à toutes les questions que l'homme se pose depuis la nuit des temps. À nous de jouer !

SUSANA PONCE DE LEÓN
Journaliste culturelle
Prix Amigos del Arte

TABLE DES MATIÈRES

Si vous avez suivi fidèlement les instructions délivrées dans cet ouvrage et que les résultats de vos exercices sont dignes d'être connus, veuillez les communiquer par écrit (en indiquant vos coordonnées) à :

Fresia Castro
fresiacastro@yahoo.es
www.cyclopea.cl